윤공희 대주교의
북한 교회 이야기

사제 수품 25주년 기념미사
(광주시 학동 까리따스 수녀원 성당, 1975. 3. 20.)

윤공희 대주교의
북한 교회 이야기

구술 윤공희
글 권은정

가톨릭동북아평화연구소

하느님의 섭리!
그 안에 저를 맡기나이다.

추천사

 윤공희 대주교님의 북한에서의 삶을 담은 구술사가 나오게 되어 기쁩니다. 윤 대주교님은 1924년 11월에 태어나셔서 거의 한 세기를 사셨습니다. 대주교님께서 살아오신 한 세기는 우리 민족에게는 수난으로 가득한 역사였습니다. 윤 대주교님 삶의 역사는 한반도의 현대사이자 한국 교회의 살아있는 경험과 기억이라 해도 과언이 아닙니다.

 윤 대주교님은 평안남도 진남포 출신으로 평양교구에서 어린 시절을 보내셨습니다. 열심한 가정에서 부모님으로부터 받은 신앙교육, 어린 시절 본당에서 경험한 신심 활동과 본당신부님들이 보여주신 착한 목자의 모습이 어린 소년의 성소를 싹트게 하였고 신앙을 단단히 해주었습니다.

 덕원신학교 재학 중에는 존경하는 선생 신부님들, 동료 신학생들과 함께 행복한 시간을 보내셨습니다. 미사 전례와 공동생활 추억과 같이 아름다운 일도 많았지만 신사 참배, 일제 강점기 말기 가혹했던 전시 동원 체제도 경험하셨습니다. 그나마 다행히 대주교님은 일제에 징집되자마자 해방을 맞으셨습니다.

윤 대주교님은 해방 후 1950년 1월 월남하시기 전까지 북한에서 진행된 공산화 과정과 조선민주주의인민공화국 출범을 몸소 경험하셨습니다. 이 시기야말로 교회가 북한 정권으로부터 모진 수난을 당하던 고통의 시간이었습니다. 당시 북한 정권은 종교의 자유를 선전하면서도 교묘한 방법으로 종교 생활을 탄압하였습니다. 급기야 북한 정권은 교구장이신 홍용호 주교님을 비롯해 평양교구 대부분의 사제들, 덕원 베네딕도 수도원의 사우어 주교 아빠스님과 신학교 신부님들을 잡아갔습니다.

윤 대주교님은 신학교에서 사제 서품을 1년 일찍 받으실 기회가 있었습니다. 그러나 만일 그때 사제품을 받으셨다면 윤 대주교님의 표현대로 공산당에 붙잡혀가 순교를 당하셨을 것이고, 그렇게 되셨다면 다른 평양교구 신부님들처럼 '근현대 순교자의 명단'에 오르셨을지도 모릅니다. 윤 대주교님의 삶에서 하느님의 섭리를 볼 수 있다고 말하게 되는 것은 바로 이런 경험들 때문입니다.

윤 대주교님은 모든 사제들이 잡혀가 순교하는 상황에서 교구 신부님들로부터 평양교구 존립을 위해 남쪽으로 내려가라는 권고를 받게 됩니다. 이에 대주교님은 목숨을 걸고 38선을 넘으셨습니다. 그리고 서울에 도착한 지 두 달 만에 사제 서품을 받으셨습니다. 그러나 신부 생활을 막 시작할 무렵, 즉 사제 서품 석 달 만에 6·25전쟁이 일어납니다. 전쟁으로 서울은 순식간에 인민군 세상이 되고 맙니다. 윤 대주교님은 첫 부임지였던 명동성당에서 긴 시간은 아니지만, 또다시 공산 치하를 경험하게 됩니다. 명동성당에서는 인민군 군의관이 되어 내려온 큰 형님이 동생 신부에게 무릎을 꿇고 강복을 받는 일도 있었습니다. 윤 대주교님의 이 큰 형님이 제가 아기였을 때 걸렸던 치명적 폐렴을 낫게 해주신 생명의 은인이시기도 합니다. 9·28 서울 수복 때는 군종 사제들과 함께 북쪽으로 올라가 평양교구 성당들을 방문해 신자들에게 성사를 주고, 당신의 고향인 진남포에서 미사를 드리기도 하셨습니다.

이 모든 일이 윤 대주교님의 삶 가운데 함께 하시는 하느님 섭리를 느낄 수 있는 사건들이었습니다. 한편의 대하드라마 같은 대주교님의 경험은 우리가 사는 지금으로부터 그리 멀지 않은 시점에 일어났던 일들입니다. 이제는 대부분의 사람들에게 먼 과거의 일인 듯 잊혀지고 있지만, 대주교님께서 한반도의 격동기에 몸소 겪으셨던 이러한 일들을 기록으로 남기는 일은 교회사에 큰 의미가 있는 일이라 생각합니다.

금년에 백수를 맞으시는 윤 대주교님은 우리 교회의 큰 어른이시고, 고향을 북에 둔 이산가족이시기도 합니다. 그동안 대주교님이 우리 민족의 역사이자 당신의 산 경험을 단편적으로 들려주신 적은 있지만, 이렇게 긴 시간을 내어 그 연세에 믿기지 않을 만큼 놀라운 기억으로 풀어내 책을 만든 것은 처음 있는 일입니다.

그동안 구술을 위해 여러 차례 애써주신 가톨릭동북아평화연구소의 변진흥 박사님을 비롯한 위원님들과 권은정 작가에게 감사드립니다. 또한 사진 자료를 제공해 주시고 감수를 맡아주신 장긍선 신부님과 조광 교수님께도 감사를 드립니다.

드라마보다 더 드라마 같은 일들을 겪으셨음에도 윤 대주교님의 얼굴에는 그 누구에게서도 볼 수 없는 온화함과 평화로움이 가득합니다. 저는 윤 대주교님의 구술사 책을 읽으며 하느님의 섭리와 우리 민족의 과거를 통해 미래를 생각하게 되었습니다. 이는 민족의 화해와 한반도 평화를 위해 기도하고 함께 노력하는 일이었습니다. 독자 여러분도 윤 대주교님의 생생한 증언을 담은 이 책을 통해 역사에 섭리하시는 하느님과 한반도 격동의 역사를 체험해보시길 권합니다.

2022년 3월에

천주교 의정부교구 교구장
이기헌 주교

간행사

가톨릭동북아평화연구소(소장 강주석 신부)에서 윤공희 대주교님의 삶에 관한 구술작업을 기획하게 된 동기는 의정부교구가 북한과 맞닿아 있는 '접경 교구'란 사실과 밀접한 관련이 있습니다. 일례로 의정부교구 내에는 조선인민군과 중국인민지원군 유해가 묻힌 '북한군·중국군 묘지'(경기도 파주시 적성면 자장리 소재)가 소재하고 있습니다. 교구장 이기헌 주교님은 매년 11월 초 이곳에서 이들을 기억하는 연미사를 봉헌하고 있습니다. 가톨릭동북아평화연구소 역시 의정부교구가 접경 교구로서 분단의 현장인 점을 뚜렷이 인식하고 한반도 평화실현을 위한 연구와 통일사목 역량 증진에 힘쓰고 있습니다.

'윤공희 대주교님 구술 작업'에 대한 계획은 2021년 1월 8일 연구소 운영회의에서 구체화할 수 있었습니다. 우리는 이

작업의 목적을 1924년생인 윤 대주교님 생애 구술과정을 통해 1930년대 이후부터 6·25 직후까지의 북한 지역 교회 모습을 구현해보는 것으로 정했습니다. 연구소 구술사팀을 이끌면서 필자는 인터뷰 자료를 작성하고 주 면담자 역할을 담당하였고, 연구소 사무국이 영상 촬영과 녹취 해제작업을 진행하였습니다. 연구소 운영연구위원들은 월례 회의를 통해 전체 과정을 꼼꼼히 살피며 각 단계마다 자문을 제공하였습니다.

첫 구술작업은 2021년 3월 23일에 시작되었습니다. 두 번째 구술작업이 있던 4월 14일에는 연구소 총재 의정부교구장 이기헌 주교님도 동행하셨습니다. 윤 대주교님이 "나 이기헌 주교와 특별해. 삼촌 신부도 같이 공부하고."라는 인사로 시작된 두 분의 대화는 세 시간가량 이어졌습니다. 두 분은 같은 평양교구 출신 고위 성직자이실 뿐 아니라 이기헌 주교님의 부친과 삼촌이 윤 대주교님과 덕원신학교에서 한솥밥을 먹던 사이였습니다. 이기헌 주교님 자신도 어린아기였을 때 윤 대주교님의 형님 윤건희 의사에게 폐렴 치료를 받아 생명을 건졌습니다. 이런 기억 등으로 즐겁고 벅찬 추억의 시간여행이 펼쳐졌습니다. 이를 기점으로 구술작업에도 속도가 붙기 시작했습니다.

한 달에 한 번 정도로 계획했던 일정이 5월에 2회, 6월 3회로 늘어났습니다. 마침내 7월 1일 마지막 8차 구술작업을 끝낼 수 있었습니다. 구술팀은 언제나 인터뷰 전에 상세한 질문지를 미리 보냈고, 이를 토대로 방문 시 녹음을 진행하였으며 이후 녹취 해제한 내용을 다음 만남 전에 윤 대주교님께 보내드렸습니다. 윤 대주교님은 보내온 내용을 그때마다 꼼꼼히 확인하고 빨간 볼펜으로 일일이 고쳐 다음 인터뷰 때 돌려주셨습니다. 주교관에서 20년간 윤 대주교를 보필해온 엔다 수녀(예수의 까리따스 수녀회 광주관구)가 "주교님이 이 일을 점점 더 재미있어 하신다."고 귀띔해주었을 정도로 대주교님은 이 작업에 열성을 보여주셨습니다.

2021년 3월부터 7월까지 8차에 걸친 구술작업이 마무리되자, 연구소에서는 구술과정에서 드러난 내용들을 연구 자료로만 남길 것이 아니라 일반 신자들에게까지 알리는 것이 좋겠다고 판단했습니다. 이에 연구소에서는 구술 내용을 읽기 편한 단행본으로 만들어 줄 전문 작가를 찾기 시작했습니다. 마침 연구소 운영회의에서 분도출판사 50주년 기념 도서 『책으로 노래하고 영화로 사랑하다』의 저자 권은정 작가가 추천되었고, 권 작가도 이후 제의를 흔쾌히 수락해 저술 작업을 시작할 수 있었습니다.

구술팀은 권 작가와 함께 2021년 9월 15일에 윤 대주교님을 다시 방문했습니다. 권 작가는 윤 대주교님 방문과 질의응답 후 초고를 완성했습니다. 초고 역시 윤 대주교님께 전달되었습니다. 초고 전달 3개월 뒤인 12월 23일 그동안 틈틈이 도움을 주었던 한국교회사연구소 소장 조한건 신부 등과 함께 다시 윤 대주교님을 방문했습니다. 이때도 윤 대주교님은 어김없이 권 작가의 초고를 직접 수정 보완하여 최종 검토본을 건네 주셨습니다.

마무리 단계에 이르고 보니 구술과정에서 제대로 확인하지 못한 부분들이 아쉬움으로 남습니다. 윤 대주교님의 세례 문서를 끝내 확인하지 못한 점이 대표적인 사례입니다. 윤 대주교님이 로마 유학 시절 쓰신 박사학위 논문 주제가 영성신학에 관한 것임을 확인했음에도 이 논문을 번역하지 않은 점도 안타깝습니다. 윤공희 대주교님의 삶 전체를 본격적으로 다루는 평전 작업을 할 때는 이처럼 아쉽고 부족했던 부분들을 충분히 보완할 수 있기를 기대합니다. 본문에 자세히 쓰진 않았지만 이번 구술작업을 통해 재확인한 역사적 사실들도 많습니다. 이런 사실들도 차후 평전에 포함될 수 있기를 소망합니다.

십여 명에 가까운 연구소 관계자들이 일 년여 가까이 매달려 작업한 결과가 드디어 열매를 맺습니다. 앞으로도 이 책처럼 민족의 화해와 일치에 도움이 될 경험들을 정리하는 작업을 계속할 수 있으면 좋겠습니다. 특별히 이 작업을 위해 귀한 사진 자료를 제공해 준 왜관 성 베네딕토수도원과 평양교구 사무국에 깊은 감사를 드립니다. 아울러 이 책이 나오기까지 수고해주신 모든 분에게 다시 한번 구술팀을 대표하여 감사드립니다.

가톨릭동북아평화연구소
연구위원장 변진흥

| 차례 |

추천사 • 7

간행사 • 12

1부 신앙의 요람, 평양 교구

1장 사제 성소로 이끌린 어린 시절
우리 집안 • 27 | 진남포성당 • 32 | 복사를 서다 • 37
진남포의 은인, 스위니 신부님 • 39 | 배 신부의 시약소 • 43
신사 참배 • 46 | 해성학교 - 교리공부를 하다 • 51 | 나의 반성 • 56
서포 예비 신학교 • 59 | 장정은 악니다 수녀님과 인사 • 64
소신학교 - 덕원과 서울 동성신학교로 나뉘다 • 66

2장 아름다운 기억, 신학교 시절
덕원신학교 신학생이 되다 • 71
신부 여섯만 나와도 내가 춤을 추겠다 • 75

소신학교 시절 • 77 | 공부는 열심히 • 82 | 최고의 교수진 • 86
안셀름 로머 교장 신부 • 87 | 루치오 로트 원장 신부 • 93
라틴어 선생님 • 95 | 아르눌포 슐라이허 부원장 신부 • 97
루페르토 클링자이스 신부 • 100 | 평신도 교사들 • 104
신학교 관현악단 • 106 | 그레고리오 신부님 • 111 | 깐또르가 되다 • 114
월반을 하지 않다 • 117 | 덕원신학교의 학풍 • 122 | 담배 허용 • 122
자율적인 학교 분위기 – 경계는 없어 • 124
신학교에서도 내선일체 • 127 | 금강산 소풍 • 129

3장 나의 가족, 해방을 맞은 우리

부모님 • 137 | 큰형 건희 모세 형님 • 140
작은형 곤희 형님과 동생 봉희 • 145 | 누이동생 요안나 • 147
해방을 맞다 • 151 | 해방 후의 평양 • 154
관후리성당 재건 • 156 | 우리 신학생은 우리 손으로 • 159

4장 시작되는 공산 탄압

차부제 서품 • 167 | 덕원신학교 – 시련을 맞다 • 168

잡혀가신 주교 아빠스 • 174 | 끌려가신 교장 신부님과 독일 수도자들 • 178
덕원신학교 강제 폐쇄 • 181 | 평양교구 - 홍용호 주교님을 잃다 • 185
길 잃은 양들은 어디로 • 189
진남포 이야기 - 우리는 유대철처럼 될 거야! • 193
신부님을 지키는 신자들 • 199 | 조문국 신부님 • 202
월남 계획을 세우다 • 206 | 드디어 서울에 • 221

2부 사제의 길

1장 새 사제 시절과 6·25
사제 서품 - 가장 기쁜 날! • 229 | 첫 소임 - 명동 보좌신부 • 235
6·25 발발 • 236 | 모리 멜리우스 에스트 • 239
피난민들에게 고해성사 • 241 | 형님을 만나다 • 242
전란 중 명동성당 미사 • 247 | 북한군 명동성당 점령 • 249
중부보안서에 잡혀가다 • 250 | 명동에서 쫓겨나다 • 253
다 맡기고 떠나는 길 • 255 | 구산공소 • 259 | 서울로 돌아오다 • 261
9·28 수복 후 평양으로 돌아가다 • 263
주교 아빠스의 무덤을 참배하다 • 266 | 우리는 평양교구 신부다 • 269

다시 찾은 진남포본당 • 272 | 영유본당을 뒤로 하고 • 275
다시 서울로 돌아와서 • 277 | 포로수용소 군종 신부로 • 278
이산가족 상봉 • 282

2장 평양교구 출신의 주교

부산 가톨릭 도서관 부관장 • 289
성신소신학교 교사로 일하다 • 291
감독 신부 시절 • 295 | 로마 유학 • 296
지학순 주교와의 우정 • 302 | 학위를 마치다 • 308
중앙협의회 총무 시절 • 309 | 김남수 주교와의 우정 • 310
바티칸 공의회에 참석하다 • 314 | 주교 수품 • 316
바오로 6세 알현 • 318 | 수원교구장 시절 • 321
서울교구장 서리 • 325
하느님 안에서 살아온 나의 삶 • 328
통일은 우리의 노력을 필요로 한다 • 330

에필로그 • 334

일러두기
- 인명, 호칭, 직책, 직위는 '윤공희 대주교의 구술 녹취'를 중심으로 표기하였다.

1부
신앙의 요람, 평양 교구

'도미누스 보비스 꿈 (Dominus vobis cum, 주님께서 여러분과 함께)'

'엩 꿈 스피리뚜 뚜오 (Et cum spiritu tuo, 또한 사제의 영과 함께)'

사제를 이어서 받는 꼬마 복사의 라틴어 경문 소리가 제법 우렁차다. 복사 빅토리노는 거양성체를 하시는 신부님의 뒷모습을 보면서 깊이 고개를 숙인다. 오늘따라 신부님의 모습이 더없이 거룩하게 느껴진다.
'나도 언젠가 사제가 되면 저 신부님처럼 될 수 있을까?'
종을 칠 때 빅토리노의 가슴은 더욱 두근거렸다.
'하느님 저도 꼭 신부가 되도록 해주세요! 저의 기도를 들어주세요.'
겨울 새벽 공기는 차가웠지만, 성전 안은 열기로 가득 차 있는 듯했다. 작은 손을 맞잡은 꼬마 복사의 가슴은 그보다 더 뜨거웠다.
종탑 위에서 새들이 지저귀며 동트는 아침을 깨우기 시작했다. 빅토리노는 성당 마당을 가로질러 한달음에 돌계단을 내려갔다. 빅토리노의 달음질을 따라 햇살이 퍼져나가고 있었다. 진남포 항구 너머로 빛의 바다가 열리고 있었다.
윤공희 빅토리노는 하느님께서 마련하신 신앙의 배를 타고 갈 준비가 되어있었다.

1장
사제 성소로 이끌린 어린 시절

우리 집안

나는 1924년 11월 8일, 평안남도 진남포 용정리에서 태어났다. 아버지 윤상(尹橡) 베드로(1888. 8. 3. 생)와 어머니 최상숙(崔橡淑) 빅토리아(1892. 4. 4. 생)의 5남매 중 셋째였다. 아버지는 젊었을 적에 고향인 중화군 목재리에서 세례를 받으셨다. 어머니도 중화군 출신으로 아버지보다 네 살 아래셨는데 혼인할 당시 관면혼배를 받고 후에 빅토리아라는 세례명을 받으셨다.

부모님은 원래 11남매를 두셨지만 그중 여섯은 태어난 지 얼마 안 되어 세상을 떠났다. 나머지 5남매 중에 나보다 열두 살 위인 제일 큰형과 두 살 터울의 둘째 형이 있었고, 아래로는 남동생과 여동생이 각각 하나씩 있었다.

아들의 이름은 희자 돌림으로 건희, 곤희, 공희, 봉희였고 딸은 세례명 요안나라는 이름을 그대로 붙여 주었다. 나는 태어난 지 하루 만에 당시 진남포본당 주임신부인 파리외방 전교회의 육 뤼카(F. Lucas, 陸嘉思 프란치스코) 신부님으로부터 세례를 받았다. 뤼카 신부님은 내가 태어난 날의 축일인 성인의 이름을 따서 빅토리노라는 세례명을 택해주셨다. 나중에 신학교에 가서 성무일도에 내 축일이 있는 것을 발견하고 몹시 기뻤다.

우리 집안은 원래 선대로부터 평안남도 중화군 해압면 목재리에서 터를 잡고 살아왔다. 해압면 목재리는 파평 윤씨의 집성촌으로 윤가 촌 1백여 세대가 부락을 이루어 살고 있었다. 부친 윤상은 파평 윤씨 중화파 37대손으로 조부 윤준해(尹準海)를 이어 해압면에서 살았는데, 윤씨 친척들이 모여 사는 이 동네는 천주교를 받아들인 교우들이 모여 사는 교우촌이었다. 원래 중화지역 초기 공소가 있던 목재리는 1866년 병인년 대박해 때 수난지로 당시 혹형을 당한 윤 베드로, 이 마태오, 윤 바오로의 출생지이기도 했다.

『중화군지』에 따르면, 이 지역으로 천주교가 전파된 시기는 파리외방전교회 베르뇌 주교가 직접 평안도에 순회 전교할 당시부터라고 밝히고 있다. 그러나 사실 이보다 앞서 평신도 전교사 김기호 회장과 이덕보, 정태정 등이 전교 활동

목재리공소(1931년)

을 벌여 그들의 영향으로 이 지역에 많은 영세자들이 생겨날 수 있었다고 한다. 특히 그중에 윤창혁(尹昌赫) 비오 회장의 공은 지대하다고 할 수 있다. 평안도 전교의 별이라 불리는 윤 비오는 1887년부터 40여 년간 평안도와 황해도를 두루 다니면서 평생을 전교에 헌신한 이다. 중화 지방은 황해도와 인접한 고장으로 가톨릭이 평안도에 진출하는 관문과도 같은 구실을 했는데 이곳에 윤 비오 회장이 있었다. 중화 목재리 출신인 윤 비오 회장은 우리 집안으로 조부 윤준해보다 한 대 위의 어른이다. 아버지 윤상은 진남포로 나가기 전에 고향에서 세례를 받았는데 윤 비오 회장의 전교로 이루어진 일이라고 본다.

당시 해압면 목재리는 공소 지역으로 신부가 없었지만 신자들이 자발적으로 모임을 가지며 신앙생활을 영위했다고 알려져 있다. 목재리공소는 중화본당으로 독립할 때까지 진남포본당 소속이기도 했다. 신앙의 뿌리가 깊은 이 지역에서 이후에도 한국 교회에 큰 역할을 할 인물들을 배출해 냈다. 장면 박사의 선친이 일찍이 중화군에 살았고, 중화 읍내 출신의 지학순 주교와 중화군 신흥면 삼응리 출신의 김진하 신부가 있다. 김진하 신부는 나와는 사돈지간으로 나의 큰형수 되시는 분의 남동생이다. 형수의 친정 부친이 중화군 삼응리

공소 회장이셨다.

 윤씨 집성촌인 목재리는 그 성격상 전통적이고 배타적이라 개화된 젊은이들에게는 답답한 곳일 수밖에 없었다. 그래서 젊은이들은 일터를 찾아 평양이나 진남포로 빠져나갔다. 부친도 이들 젊은이의 대열에 끼어 진남포로 진출했다. 부친은 진남포시에 있던 제련소의 화부로 일자리를 구했다. 당시 진남포에는 동양에서 제일 큰 제련소가 들어서 있었다. 부친

부친 윤상(베드로) - 진남포본당 전교 회장 시절

윤상이 진남포로 나왔을 때 진남포는 한참 발전을 하고 있을 무렵이었다. 아버지는 이때 어머니와 진남포본당 동네 용정리에 살기 시작하셨다.

진남포성당

진남포성당의 역사는 대한제국이 진남포 개항을 선언한 1897년 10월, 파리외방전교회의 니콜라스 조셉 마레 빌렘(Nicolas Joseph Marie Wilhelm, 홍석구) 신부가 용정리 일대 터 1만여 평을 구매하면서 시작되었다. 빌렘 신부는 개항과 함께 날로 발전하는 남포항의 장래를 보고 이 고장의 선교를 위해 본당을 세우기 위한 준비를 한 것이다.

진남포의 원래 이름은 증남포(甑南浦)로 한가한 어촌이었지만 개항과 더불어 일제가 이 지역을 병참 기지화하면서 신흥도시로 급변하게 되었다. 사실 일제는 한일의정서보다 10여 년이나 일찍 이 지역을 군사 전진기지로 만들기로 계획하면서, 1897년 12월 28일 이름조차 새로운 명칭인 진남포(鎭南浦)로 바꾸었다. 진남포는 북부 지역의 중심지인 평양으로 가는 길목에 있는 항구 도시이다 보니 그 지정학적 가치가 매우 높았다. 일제는 먼저 진남포와 평양을 잇는 철도 평남선을 부설하면서 러일 전쟁을 준비했다. 이렇게 진남포는 일본 군사 기지로서 인프라를 구축하게 되었고 영국, 프랑스, 러시아 등 거류민들이 살게 되면서 본격적으로 신흥 도시로서의 면모를 갖추게 되었다. 도시 발전으로 부두일과 도로 건설이 한창이었으니 일자리를 찾아 사람들이 진남포로 몰려들었다. 노동력 유입이 늘어나면서 인구도 증가하였다.

구한말 시대 대한제국의 운명은 바람 앞의 등잔불이었다. 먹이를 앞에 둔 이리떼처럼 열강들이 앞다투어 조선에 달려들었다. 누구도 앞날을 점치지 못했고 나라를 잃게 된 이 땅의 사람들은 비탄에 잠겨 있었다. 이러한 시대적 분위기로 많은 이들이 종교에 귀의하고자 하였고 그중에는 천주교를 찾는 이들의 숫자도 적지 않았다.

진남포본당이 설립된 해는 1900년으로 초대 주임신부로 파리외방전교회 쟝 포리(Jean faurie, 방) 요한 신부가 부임하였다. 진남포본당은 처음엔 평양성당 공소로 출발했지만 본당 신자들의 열성은 공소 시절부터 남달랐다. 더구나 진남포 지역 발전에 힘입어 교회를 찾는 신자들의 숫자가 빠르게 늘어나면서 진남포공소는 성당 건물을 새롭게 지어야 할 정도였다.

진남포 구 성당과 전경(1933년)

이때 성당 안에 젊은이들을 위한 학교를 세웠는데 이 사립 학교가 바로 돈의학교였고, 학교의 2대 교장이 안중근 토마스 의사였다. 안중근 의사가 이토 히로부미를 저격하는 거사 후 뤼순 감옥에 갇혀 있을 때, 안 의사에게 고해성사와 미사 성제를 베푼 신부가 바로 파리외방전교회 빌렘(홍) 신부였다. 안중근 의사에게 성사를 베풀었다는 이유로 빌렘 신부는 뮈텔 주교로부터 성무 정지를 당하기도 했다.

초대 방 신부에 이어 2대 신 신부가 부임했지만, 1차 세계 대전 발발로 파리외방전교회의 젊은 사제들이 징집 명령을 받아 프랑스 본국으로 귀국하는 바람에 진남포본당은 6년간 본당신부 없이 지내야 했다. 그 후 방인 신부로 3대 신성우(申聖雨) 마르꼬 신부가 잠시 오셨다가 4대 주임신부로 육 뤼카 신부가 부임했는데 이때 육 신부님이 아버지 윤상을 본당 회장으로 임명하였다. 이때는 1921년으로 내가 아직 태어나기 전인데 부친은 서른넷의 젊은 나이로 본당 회장직을 맡으셨다. 그로부터 1946년까지 26년 동안이나 회장으로 일하셨다.

당시 본당의 회장은 『회장 직분』이라는 책에서 그 임무를 별도로 명시했을 정도로 본당 사목에서 중요한 자리였다. 파리외방전교회는 병인박해 이후 교회 재건을 위해 회장 제도를 강화하여 신자들을 모으는 일에 앞장서게 했는데 이 제도는 사제가 머물지 않는 공소 지역에서는 더욱 중요했다. 당시 회장은 유급이었다. 『회장 직분』에 따르면 회장은 본당신부로부터 위임받은 혼배성사 집전, 교우 명부 작성, 판공 때 신부를 모시는 일 등을 하게 되어있다. 지금의 사목회장에 해당되는 자리로 주임신부를 보좌하면서 교우들을 이끄는 일을 맡아 했다.

부친 윤상은 주변 사람들로부터 믿음이 깊고 성품이 강직

한 사람으로 인정받으셨다. 회장직을 맡기 전에는 주일에도 제련소 일을 나가셨는데, 당시에는 주일에 일하려면 주임신부에게 관면을 받아야 했다. 조금이라도 더 벌어보려고 몇 달 동안 주일에도 일했지만 결국 그만두셨다고 한다. 주일까지 일을 하니 몸이 아프게 되어 결국, 주일날 번 만큼 축나게 되더라고 나중에 어머니께서 우리 형제들에게 얘기하시곤 했다.

  부친은 회장직을 맡으면서 본당에 몇 년 전에 이미 조직되어 있었던 상장계(喪葬契)를 활성화시켰다. 상장계는 오늘날 연령회 조직과 같은 것으로 상을 당한 이들에게 상여를 빌려주고 장례를 치러주는 일을 주로 하였다. 상장계 활동은 외인들에게도 호감을 주게 되어 전교 활동에 많은 도움이 되었다. 믿지 않던 이들도 상장계의 헌신적인 도움에 감화하여 교회에 들어왔다.

  당시 진남포성당 남성 신자들이 상장계로 바빴다면 여성 신자들은 안나회 활동으로 분주했다. 나의 어머니와 할머니도 안나회 회원이었다. 당시 안나회 회장은 김해성 마리아(그분의 별명은 곰보 마리아였다.)가 맡고 있었는데 1년에 한 번씩 안나회 총회를 하게 되면 늘 점심으로 평양냉면 표를 회원들에게 나눠주곤 했다. 그때 중화 작은아버지 댁에서 할머니를 모시고 있었지만, 할머니의 교적은 진남포본당에 있었고 '안나회' 회원이기도 하셨다. 안나회 총회 날 할머니 앞으로 나온 점심 냉면 표는 으레 내 몫이 되었다. 어린 시절 그 표를 받아 냉면집에 가서 먹던 평양냉면의 맛이 얼마나 좋았는지 오래도록 잊히지 않았다.

복사를 서다

"빅토리노야, 일어나야지, 어서 일어나 미사 가야지."
아직 밤중인 것 같은데 벌써 깨우는 아버지의 목소리가 들린다. 벌떡 일어났는데 나도 모르게 다시 눕게 되었나 보다. 아버지가 나를 또 일어나라고 하신다. 새벽 깊은 잠에서 일어나는 게 쉽지는 않았다. 몇 번씩 일어났다가 도로 누웠다. 아버지와 실랑이를 하였지만 나는 언제나 제시간에 일어나 미사 갈 준비를 했다. 나는 레오 스위니(Leo W. Sweeney, 서이랑) 신부님이 계실 때 복사를 시작했는데 아직 어린 나이였다. 여덟 살 무렵 첫영성체를 하고 얼마 되지 않아 바로 복사를 섰으니 비교적 어린 나이에 복사를 시작한 것이다. 빨간 수단을 입고 복사를 서면 아주 자랑스러웠다. 하지만 라틴어를 익히는 것은 쉬운 일이 아니었다. 복사를 하려면 어느 정도 라틴어를 할 수 있어야 했다. 처음에는 아무 뜻도 모르니 그냥 문장의 앞머리만 외워서 우물쭈물하다가 마치곤 했는데 갈수록 실력이 늘어서 결국 제법 유창하게 할 수 있었다.

매일 아버지의 손을 잡고 새벽 미사를 갔는데 겨울에는 특히 캄캄했다. 성당은 우리 집에서 걸어서 10여 분 정도 거리에 있었지만, 어린아이 걸음으로는 멀게 느껴질 때가 많았다.

복사를 서면서 딱 한 번 아버지께 혼이 난 적이 있다. 언젠가 성탄절 날 아침 미사 때, 복사를 서지 않고 친구 집에 놀러 갔던 적이 있었다. 나는 성탄 전야 자정 미사 복사를 했기 때문에 당연히 아침 미사를 생각하지 않았는데 그때 복사를 설 아이가 없어 곤란했던 모양이었다. 아버지는 내가 복사로서의 책임감이 부족하다고 꾸중하시며 매를 내리셨다.

복사를 서면서 나는 주변으로부터 신학교 가라는 말을 자주 들었다. 본당 샬트르 수도회 원장 강옥섬 아오스딩 수녀님은 해성학교에서 가르치기도 하셨는데 수업 시간에는 손바닥에 회초리를 드는 엄격하신 분이었지만 교실 밖에서는 다정하신 분이셨다.

강 아오스딩 수녀님은 나를 볼 때마다 신학교 가겠다는 약속을 받아내시곤 했다.

"빅토리노야, 너 신학교 갈 거지? 너의 형이 신학교 갔다가 나왔으니 네가 신부가 되어야 해! 신학교 가서 좋은 신부님 될 거지?"

강 수녀님의 이 말씀이 나를 사제로 키우는 첫 씨앗이 되었다고 생각한다. 신학교에 가서 신부가 되는 일이 저절로 내 꿈이 되었다. 그 소망은 내 마음에 들어앉아 내 키가 자라듯 점점 내 안에서 커가고 있었다.

진남포의 은인, 스위니 신부님

미국의 메리놀 선교회가 교황청으로부터 북한 지역 선교를 위임받은 해가 1922년이다. 메리놀회는 그때부터 교구 설정을 준비하여 1927년 서울교구에서 분리된 평양교구를 맡기 시작하였다. 메리놀회가 평양에 들어섰을 무렵, 평양은 이미 '동방의 예루살렘'이라고 불릴 정도로 개신교가 강세를 이루고 있었다. 천주교보다 신자 수도 월등히 많았으며 교육에서도 숭실학교, 숭인상업학교 등 여러 교육 기관을 세워 착실하게 운영하고 있었다. 메리놀회는 평양교구를 맡게 되면서 우선적으로 교육 분야에 열성을 기울여 각 본당마다 학교를 세우기 시작했다. 본당마다 초등학교 수준의 교육 기관인 해성학교를 설립하여 교구 어린이들의 교육을 책임지게 되었다.

1926년 메리놀 선교회가 진남포본당에서 사목을 시작하며 첫 메리놀 선교사인 패트릭 더피(Patrick Duffy, 도) 신부가 5대 주임신부로 부임했다. 이어서 1928년에 6대 주임신부로 레오 스위니 신부가 왔다. 스위니 신부님은 진남포본당 역사에서 중요한 인물로 스위니 신부의 재임 시기를 사람들은 '진남포성당 최대 도약의 시대'라고 부를 정도였다. 스위니 신부는 진남포본당을 평양교구뿐만 아니라 전국 최고의 본당으로 발전시킨 분이다. 그분은 전교와 자선 두 분야를 하나로 아우르며 진남포본당의 교세를 확장해나갔다. 스위니 신부님의 노력으로 진남포 지역 사회에서는 지도급 인사에서부터 날품팔이 노동자에 이르기까지 성호 긋는 법과 교리문답을 외우지 못하는 이가 없을 정도로 천주교가 대중적 종교로 퍼져나갔다.

스위니 신부는 1926년 미국에서 사제품을 받고 바로 그해 한국으로 파견되어 1928년 진남포본당에 부임하면서부터 선교 생활 16년 대부분을 진남포본당 사목에 바쳤다. 그는 매년 4백 명이 넘는 이들에게 세례를 베풀 정도로 열성적인 사목 활동을 벌였다. 교육 사업으로는 해성학교를 세워 운영하였고, 자선 사업으로는 오갈 데 없는 노약자를 돌보는 양로원 운영과 가난한 이들에게 무료 시술을 베푸는 시약소를

레오 스위니 (서) 신부

운영했다. 또한 무상 교육 기관인 성심학원을 세워 가난한 학생들에게는 옷과 먹을 것, 학용품까지 지급하였다. 이러한 스위니 신부를 두고 교우뿐만 아니라 지역 주민들은 '진남포의 은인'이라 불렀다.

스위니 신부님은 해성학교 운영에 매우 적극적이셨는데 일제의 폐교 위협 앞에서도 굴하지 않으셨다. 일제 당국은 스위니 신부님이 부임하기 이전인 1915년부터 사립학교 규칙을 공포하면서 교육 기관에 대한 통제를 계속 강화하였다.

당시 해성학교는 일제가 내세운 규칙에 저촉되어 자칫 문을 닫을 위기에 놓였다. 이때 스위니 신부는 재빨리 학교 건물을 신축하면서 사립학교 인가 신청을 냈고 마침내 1930년 5월, 일제로부터 4년제 사립학교로 정식 인가를 받을 수 있었다. 해성학교는 8명의 교사가 1천여 명의 학생을 가르치는 제법 큰 규모였는데 학교 운영비는 메리놀회 지원비와 본당 신자들의 기부금을 제외하면 대부분 스위니 신부 본인이 부담하였다.

또한 스위니 신부님은 본당 건물의 확장 공사를 시작해 1933년에 완공하였다. 이때 한식과 양식을 절충한 독특한

진남포 새성당 축성식 후

건축 양식의 진남포본당 건물이 들어서게 되었는데, 이 건축 양식은 메리놀회가 북한 지역에 교회를 지을 때마다 적용한 것으로 신의주와 서포 메리놀 본부의 건축물도 거의 같은 스타일로 지어졌다.

진남포본당의 교세는 날이 갈수록 점점 더 커져서 당시 전국의 교세 통계표에 의하면 평양교구가 전국에서 세례를 가장 많이 준 교구였고, 평양교구 안에서도 진남포본당 세례자 수가 가장 많았다. 1937년도 영세 실적은 진남포본당이 5백 명이 넘어 전국에서 1위를 할 정도였다.

배 신부의 시약소

당시 보좌신부인 후버트 포스피칼(Hubert Pospichal, 배) 신부님이 맡아서 운영한 시약소는 특히 유명했다. 배 신부가 주는 약만 먹으면 무슨 병이든 다 낫는다고 소문이 나는 바람에 외인들까지 너도나도 찾아왔다. 중화 읍내 공의(公醫) 부인이 찾아올 정도였다. 그 부인은 아이를 낳지 못해 백방으로 약을 구하러 다니던 사람이었는데 진남포성당의 외국 신부가 용하다는 이야기를 듣고 찾아왔다. 그러나 배 신부가 처방하는 약이라고는 옥도정기와 설사약이 전부였다. 그러

후버트 포스피칼 (배) 신부

나 비법이 있기는 했다. 설사약을 주면서 꼭 단식하라고 처방했기 때문이다.

본당 양로원과 시약소 운영을 돕던 수녀회는 샬트르 성 바오로 수도회였다. 강옥섬 아오스딩 원장 수녀와 함께 총 다섯 분의 수녀가 1946년까지 일했다. 그다음은 방인 수녀회인 영원한 도움의 성모 수도회가 들어와 본당 운영을 도왔다.

해성학교를 다니고 있을 때 나는 성당 마당에서 하얀 긴 수염의 할아버지 사제를 종종 만날 수 있었는데 그분이 바로 김

진남포의 학교와 병원에서 근무하던 샬트르 수도회 수녀들
(앞줄 가운데 강옥섬 아오스딩 수녀)

성학 알렉시오 신부님이었다. 서울교구에서 파견 나온 분으로 메리놀회가 평양교구를 맡게 되면서 당시 파리외방전교회와 서울교구 소속 신부들이 모두 서울로 돌아가게 되었지만 김성학 신부님은 고문 역할로 평양교구에 계속 남아 계셨다. 서포본당 초대 주임을 맡기도 하신 김 신부님은 신자들의 신심 운동에 전력을 기울이신 분으로 평양교구 내 수도자들과 전교 회장단 피정 지도에 직접 강사로 참여하는 것은 물론이고 다른 지역까지 영성 지도와 강론을 다니셨다. 김성학 신부님은 전교사 김구정 이냐시오와 함께 진남포본당에 오셔서 교우들과 학생들에게 교리 교육과 신심 운동을 지도하셨다.

신사 참배

스위니 신부님은 본당 사목에서도 귀감이 되신 분이지만 일제에 항거하는 태도를 보여주시어 일제 치하에 숨죽이고 살던 우리에게 큰 용기를 불어넣어 주신 분이다. 하지만 그 일로 1933년 진남포 해성학교는 자칫 폐교 위기에 놓일 뻔 했다.

일제는 1932년 9월 18일 만주사변 1주년을 기념하는 만주

출정 전몰 전사자 위령제에 모든 학교가 참석할 것을 요구했는데, 평양교구장이던 메리놀회 요한 모리스(John E. Morris, 목이세) 몬시뇰을 중심으로 평양교구의 가톨릭 학교들은 이에 거부 의사를 밝혔다. 이때 평양교구의 신사 참배 거부 움직임은 한국 가톨릭교회 안에서도 예외적인 것으로 당시 서울교구나 다른 교구들의 입장과는 구별되는 것이었다. 이를 계기로 한국 가톨릭교회의 신사 참배에 대한 논란이 불거졌다고 할 수 있다. 사실 한국 전체 가톨릭교회는 일제 시대 초기, 신사 참배 강요에 대해서 '신사 참배를 하거나 신사에서 행해지는 예식들에 참석하는 것은 그것이 어떤 지향이든 간에 금지된다.'라고 분명한 거부 의사를 보였다. 하지만 1932년 하반기에 들어서면서 일본과 한국 가톨릭교회 안에서 신사 참배에 대한 입장에 변화가 일어나 결국 '신사 참배가 학생 등에 대한 교육의 목적이 있으며 애국심을 표현하는 것'이라며, 신사 참배를 국민 의식으로 용인할 수 있다는 태도를 보이기 시작했다. 한국과 일본 가톨릭교회가 일본 정부와 조율하면서 전반적으로 입장을 전환한 것과 달리, 모리스 몬시뇰이 관할하는 메리놀회의 평양교구는 신사 참배를 거부하는 독자적인 움직임을 이어나갔다.

당연히 스위니 신부님도 그중에 속했다. 진남포본당 스위니 신부님이 해성학교 학생들의 신사 참배를 거부하자 당시 진남포 일본 관리가 그 문제로 스위니 신부를 만나러 성당으로 오기도 했다. 후에 스위니 신부를 소환해서 위령제 불참 이유를 추궁하며 애국주의 방침에 따라 의식을 따를 것을 강요하고 끝까지 거부하면 해성학교를 폐교하겠다고 위협했다.

평양교구의 신사 참배 거부 움직임은 계속되었지만, 한국 주교회의가 1933년 3월에 신사 참배를 허용하는 쪽으로 방향을 잡으며 정리되었다. 하지만 신학 교수 출신의 월터 콜만(Walter Coleman, 고) 신부를 비롯한 메리놀회의 선교사들은 이러한 주교회의의 입장도 수용하지 않았다. 선교사들은 1934년 메리놀 평의회 회합에서 학생들을 신사에 참배시키지 않는다는 지침을 문서로 만들었다. 하지만 1936년 5월 26일 바티칸이 공식적으로 일본의 신사 참배를 순수한 국가의식으로 인정한 뒤 가톨릭 신자들에게 신사 참배를 허용한다는 훈령을 내려, 1930년대 평양교구에서 이루어진 신사 참배 거부 운동은 일단락되었다.

평양교구장 모리스 몬시뇰은 바티칸의 훈령이 발포된 직후 사의를 표명했고 신사 참배 거부 운동을 했던 콜만 신부는 인사 조치되었다. 그리고 진남포본당 주임 스위니 신부도 본국으로 1년간 강제 휴가를 가야 했다. 스위니 신부님의 송별회를 위해 해성학교 운동장에 모인 교우들과 학생들은 혹

해성학교 스위니 신부 환송식(뒤편으로 보이는 것이 진남포성당)

시라도 스위니 신부님이 안 돌아오실까 걱정하며 이별의 서운함을 감추지 못했다.

1942년 일제는 태평양 전쟁을 일으키면서 미국을 적국으로 간주하고 메리놀 선교사 전원을 본국으로 추방했다. 스위니 신부님은 미국 주재 일본인들과 일본 주재 미국인들을 서로 교환하기 위한 교환선 배를 타고 미국으로 가던 중 선종하여 남태평양 한가운데서 수장으로 모셔졌다.

나도 예비 신학교 시절, 평양 성모보통학교에 다닐 때인 1936년 3월 10일 육군기념일에 신사 참배를 하러 한번 간 적이 있다. 학생들은 신도(神道) 의식에 따라 신전 앞에 가서

진남포본당 해성학교 4학년 담임 김윤정 선생과 급우들과 함께
(맨 앞줄 오른쪽에서 5번째, 1935. 3. 23.)

모두 고개를 깊이 숙이고 경례하는 예절을 치러야 했다. 일제는 중일전쟁 이후 노골적으로 그리스도교를 반대하면서 신자들에게 그리스도와 일본 천황 중에 누가 더 높으냐고 묻고, 대답이 마음에 들지 않으면 잡아 가두곤 했다. 일제는 신사 참배 규정을 발표하면서 한국인들이 학교, 직장, 집회나 극장 등 모든 모임에서 천황에 대한 충성을 맹세하는 '황국신민서사'를 제창할 것을 요구했다.

해성학교 – 교리공부를 하다

나는 일곱 살 되던 해 해성학교 1학년에 입학하여 5학년까지 다녔다. 당시 해성학교는 정식인가를 받은 4년제 초등학교였는데, 내가 4학년일 무렵 5년제로 바뀌었고 이어서 1935년에 6년제 초등학교가 되었다. 한 반이 20여 명 정도로 운영되었다. 해성학교 아이들은 학교도 성당 학교, 놀이터도 성당 마당이었으니 그야말로 성당 아이들이었다. 신심이 깊어질 수밖에 없었다. 학교는 일자(一字) 기와지붕 건물이었고 학교 운동장을 지나면 바로 성당으로 올라가는 돌계단이 있었다. 주일날이면 미사 시간에 맞춰 성당 마당을 빙 둘러서 성당 입구까지 여러 가지 천연색으로 그려진 『요리강령』을 액자로 만들어 세워두었다. 요리(要理)란 교리(敎理)의 옛말로서 『요리강령』은 프랑스 원본을 번역하여 1910년에 간행한 교리서이다. 한쪽 면은 그림이고 다른 쪽 면은 그림과 관련된 교리 설명으로 각 페이지를 하나씩 액자로 만들어 세워두었는데 우리는 친구들이나 예비자를 데리고 와서 일일이 설명해 주곤 했다. 액자 중에는 이런 내용이 있었다.

'천주는 어떤 분이신가? 천주께서는 홀로 스스로 존재하시고 모든 완전성에 있어서 무한하신 최고의 영이시다.(종도신경 17항)'

성당에 오는 신자들은 『요리강령』 액자 앞을 오가며 열심히 보고 다닌 덕분에 어떤 구절은 아주 줄줄이 외우다시피 하였다.

성당 마당에 전시된 『요리강령』 (그림으로 묘사한 교리) (1938. 9.)

진남포본당 학생들은 신앙교육에도 아주 열성적으로 참여했다. 1935년 평양에서 열린 천주교 전래 150주년 축하 행사의 일환으로 열린 '전조선 연합 교리 경시대회'에서 진남포본당이 남자부 1등을 차지하였다. 이때 소년부 경시대회에서는 정주본당 출신인 최항준 마티아 예비 신학생이 1등을 했는데, 그는 예비 신학생으로 서포 예비 신학교에 거주하면서 평양 성모보통학교 6학년 학생이기도 했다. 이때 문제가 된 것이 최 마티아 예비 신학생의 출신 본당을 '정주본당'으로 하느냐, 평양 성모보통학교 학생이니 '평양본당(신리본당이 분리되기 이전 관후리본당의 명칭)'으로 하느냐 하는 것이었다. 교리 경시 심사위원회에서는 최 마티아가 학생 신분인 것을 감안하여 결국 '평양본당 최 마티아'로 하여 1등으로 결론 내렸던 기억이 남아있다.

당시 평양교구는 체계적인 신자 재교육 프로그램들을 열성적으로 시행하고 있었는데 교육팀을 구성해 각 본당을 순회하며 신자들을 교육했다.

내가 5학년일 무렵, 새해 들어서 본당에서도 교육이 있었는데 나는 맨 앞줄에 앉아 열심히 귀 기울여 배웠다. 그때 김구정 이냐시오 선생님의 강의가 기억이 난다.

대구 성 유스티노 신학교 출신인 김구정 이냐시오 선생님은 1931년부터 평양교구 전교 회장으로 일하고 있었다. 유명한 평신도 교육자이셨던 그분은 교리를 아주 재미있게 가르쳐 주었는데 '영원이 무엇인가'를 설명하는 부분이 특히 잊히지 않는다.

"여러분 영원이 무엇이겠습니까? 잘 들어보세요. 가령 아주 큰 바위산이 있다고 생각해보세요. 매년 새 한 마리가 그 산에 와서 앉아요. 천 년 동안 천 번을 와서 새가 내려앉으면 그만큼 새 발자국이 바위 위에 찍히겠지요. 그러면 그만큼 바위가 작아지겠지요. 그렇게 해도 영원은 아직 시작도 안한 거예요. 그 새는 지금도 저 산에 와서 앉아요. 우리는 지금 영원을 살고 있는 것입니다."

알듯 말듯 한 설명이었다. 나는 큰 새가 날갯짓을 하면서 산 정상에 앉는 모습을 떠올렸다. 그 새는 산 정상에서 영원의 모습을 보았을까? 생각할수록 고개를 갸웃거리지 않을 수 없었다. 현존하는 영원, 주님의 영원성을 배우는 순간이었다.

다른 여러 가지 내용도 무척 재미있었고 감동적이었다. 그 때 죽기 전에 세례를 받으면 바로 천국에 간다는 말을 들었는데 나는 그 말을 듣고 혼자서 심각하게 고민한 적도 있다.

'나는 왜 어릴 적에 죽지 않았을까? 그때 바로 죽었으면 직(直) 천당 할 수 있었을 텐데 …'

학교와 본당 교육은 언제나 열띤 분위기였으므로 나의 신앙심은 나날이 영글어 갔다. 학년이 올라갈수록 내가 신학교에 간다는 사실은 아주 당연하게 여겨졌다. 특히 우리 집안 사정이 남달랐다. 큰형님 윤건희 모세가 신학교에 들어갔다가 중도에 나오면서 나에 대한 주변의 기대가 더욱 커졌기 때문이다.

"빅토리노야, 너는 꼭 신학교 가서 신부가 되어야 한다."

"빅토리노, 너는 아주 좋은 신부님이 될 거다!"

수녀님과 성당 교우들은 나만 보면 꼭 한마디씩 건네곤 했다.

해성학교 생활은 언제나 즐거웠다. 나는 성적도 우수했고 성격도 차분한 편이었으므로 늘 모범생으로 불렸다. 그렇다고 책상 앞에만 있는 아이는 아니었다. 친구들과 어울려 남포역 가까이 있는 항만으로 내려가 정박해 있는 큰 배를 구경하러 다니기도 했다.

그리고 방학이 되면 친가가 있는 중화 목재리와 또 외가가 있는 평양 대신리에 다녀오는 게 큰 재미였다. 중화읍에는 성당 일에 열심인 고모가 한 분 살고 있었다. 고모 윤상순 엘리사벳은 일찍이 남편을 여의고 홀로 지내면서 중화본당의 여회장직을 맡고 있었다.

방학 때마다 중화성당 마당에서 그곳 친구들을 만나 재밌게 놀았다. 주교품에 오른 지학순 다니엘을 만난 곳도 중화본당이었다. 그때는 이름도 모른 채 어린 시절 꼬마 친구로 만났지만 나중에 예비 신학교 때 알게 되면서 우리는 평생지기가 되었다. 외할머니가 사시는 대신리(선교리)에 가면 본당에 외종사촌 최용록이 있어서 즐겁게 지낼 수 있었다. 최용록 프란치스코 하비에르는 6·25 전쟁 후 서울에서 신학교에 들어가 신부가 되었다.

나의 반성

나는 성격이 내성적이고 소극적인 편이었지만 주어진 일을 끝까지 해내는 성실함은 누구와 비교해도 뒤지지 않았다. 그러나 소심한 성격으로 정작 나서야 할 기회를 놓칠 때도 있었다. 해성학교 3학년 무렵 나는 평생토록 후회되는 실수를 저질렀다.

  겨울철 어느 날, 공부가 끝나고 교실에 혼자 남아 있었는데 그때는 교실에 석탄 난로를 때고 있었다. 석탄을 퍼서 난로에 집어넣을 때 쓰는 작은 삽이 있었는데 그 삽을 내가 부러뜨리고 말았다. 교실 밖으로 가져가 진흙 장난을 하면서 놀고 있었는데 삽자루가 똑 소리를 내며 부러져 버렸다. 겁이 나서 얼른 삽자루를 그대로 붙여서 난로 옆에 갖다 두었는데 한번 부러진 게 붙어있을 리가 없었다. 그때 담임 선생님은 김윤정 선생님이었다. 김윤정 선생님은 김구정 선생님의 막냇동생이다. 다음날 선생님이 난로에 석탄을 퍼 담으려 할 때 삽자루가 툭 하고 떨어졌다. 즉시 선생님의 고함이 이어졌다.

"이거 누가 이렇게 만들었지? 잘못한 사람은 앞으로 나와!"

나는 겁이 나서 속으로 떨고 있었다. 얼른 일어서 잘못을 빌어야 한다고 하면서도 용기가 없어서 손을 들지 못했다.

"그래? 잘못한 사람이 없다는 것이야? 그럼 한 명씩 앞으로 나와! 아무도 잘못한 사람이 없으니 전체가 다 벌을 받아야겠지!"

선생님은 반 전체 학생들에게 바지를 걷어 올리게 하고 종아리를 막대자로 세 대씩 때리셨다.

내 차례가 되었을 때도 나는 잘못했다고 말하는 대신 울면서 말했다.

"제가 안 그랬습니다."

반 전체가 다 맞게 되었는데도 나는 말을 못했다. 그런데 반 학생 중에 그 전날 내가 삽을 들고 놀던 것을 봤던 아이가 있었던지 선생님한테 일렀다. 그날 오후에 선생님이 따로 나를 부르셨다.

"네가 삽자루를 부러뜨린 것을 다 알고 있다. 왜 잘못을 말하지 않았지?"

"선생님, 제가 잘못했습니다. 용서해 주세요."

"너 고해성사 봐야 한다는 거 알고 있지? 그리고 앞으로 한 달 동안 근신이다. 어디 놀러 다니지 말고 학교 끝나면 집에서 조용히 지내고 있어야 한다."

　선생님은 나를 꾸짖으셨지만 내가 그 잘못을 저질렀다는 사실은 학급에 알리지 않으셨다. 나는 그 일이 오랫동안 기억에 남아있었다. 그때 왜 진작 잘못했다고 말하지 못했을까? 아이들이 전부 종아리를 맞는 것을 왜 가만히 보고만 있었던 것일까? 보통학교 졸업 후에 반 친구들을 만난 적은 없었지만 나는 어른이 되어서도 친구들에게 늘 미안한 마음을 가지고 살았다. 그런데 한참이나 오랜 세월이 지난 후에 동급생을 만나게 되었다. 정확히 반 친구는 아니었고 반 친구의 아들이었다. 내가 광주교구에 있을 때 상무대에서 훈련을 받고 있다는 젊은 중위가 찾아와 인사를 했다.

　"주교님, 저희 아버지가 주교님과 어릴 때 초등학교 동창이라고 하십니다. 찾아뵙고 꼭 인사드리라고 하셔서 이렇게 인사드립니다!"

　그때 나는 속으로 생각했다. '혹시 이 장교의 아버지가 그때 삽자루를 부러뜨린 나의 죄 때문에 같은 반 학생 전부가 매를 맞게 한 일을 얘기해 주지 않았을까?'

　그래서 반갑기도 하면서 속으로 부끄러운 마음이 들었다. 어린 시절 반 친구를 한 번이라도 만나서 그때 정말 미안했다고 말할 수 있었으면 좋았을 텐데 하는 생각이 간절하였다.

서포 예비 신학교

6학년 올라갈 무렵인 1936년, 열두 살이 된 나는 드디어 서포에 있는 예비 신학교로 가게 되었다.

평양교구에서는 1933년부터 서포에 예비 신학교를 만들어서 초등학교 6학년생들을 소집해 1년간 신학교 입학에 필요한 소양 교육을 받도록 하였다. 서포는 평양에서 20리 떨어진 곳으로 메리놀 한국 지부와 평양 교구청이 있는 곳이었다. 예비 신학교는 기숙사 생활을 하도록 했는데 기숙사는 교구청 바로 옆 서포본당 구내에 있는 두 채의 초가집이었다. 보통 10명 남짓 정도의 학생들이 모여 공부하였다. 예비 신학교에 오는 학생들은 아직 초등학교 6학년 과정을 남겨 두었으므로 1년간은 평양에 있는 성모보통학교를 다녀야 했다.

예비 신학교 생활은 사제를 향한 첫걸음을 떼는 과정이라고 할 수 있었다. 그 걸음을 시작하는 게 결코 쉽지 않았다. 그곳에 모인 아이들은 대략 열두어 살 정도로 아직도 집 생각이 많이 날 나이였다. 생전 처음 집을 떠나왔으니 밤이 되면 훌쩍이는 소리가 여기저기서 들렸다.

나도 역시 태어나 처음으로 부모님을 떠나 객지 생활을 하게 되었지만 새로운 환경에 적응하는 데 별 어려움은 없었다. 우리 예비 신학생들은 매일 평양 성모보통학교에 가기 위해 기차 통학을 했다. 서포에서 평양까지는 기차로 한 정거장 거리였다.

평양 시내에 있는 성모보통학교는 명문으로 소문난 학교였다. 더구나 1936년 가을에 새로 건물을 지어 올려서 그 유명세가 더 높아졌다. 당시로서는 보기 드물게 난방 시설과 수세식 화장실에 실내 수도, 전등 장치를 갖춘 현대식 건물이었기 때문이다. 학교는 그전의 기명학교와 성모여학교를 병합하여 1929년 3월에 6년제 보통학교 과정인 성모보통학교로 개교하였다. 전교생이 9백 명에 달하는 큰 학교였다. 비신자인 학부모들도 이 학교로 자기 자식을 보내지 못해 안달이었다. 당시에는 중학교에 가려면 시험을 치러야 했는데 평양에서도 중학 입시 경쟁이 아주 치열했다. 6학년 반에는 지난해에 중학교 입학시험에서 낙방한 학생들이 남아서 재수를 하고 있었다. 전체 학급이 60여 명 정도였는데 이 재수생들이 앞 등수를 20등까지 차지하고 나니 나머지 등수로 6학년생들이 경쟁을 해야 했다. 나는 딱 한 번 제외하고는 늘 괜찮은 성적을 유지할 수 있었다. 그 한 번의 사정은 이랬다.

예비 신학교 들어오고 나서 얼마 안 되었을 무렵이다.
요셉 감독 신부님이 나를 부르셨다. 서포 예비 신학교의

30년 만에 만나 뵌 은사 노 요셉 신부님과 함께
(인천교구 주교관 앞, 1966년)

감독 신부는 서포본당을 맡고 있던 요셉 기본스(Joseph P. Gibbons, 노) 신부님이었다.(1935년에 5개월간 사목하였다.)

신부님의 표정이 심상치 않아 보였다.

"빅토리노, 이렇게 성적이 떨어질 수 있는 거야? 이번에 반에서 성적이 60명 중에 40등이다!"

기본스 신부님은 실망의 빛을 감추지 않으시고 꾸중을 하셨다.

"너 여기 예비 신학교에 들어올 때만 해도 2등을 했던 학생이야. 아프다고 쉬면서 게으름을 아주 많이 피웠구나!"

머리 부스럼을 치료하느라 한 달 동안 쉰 게 성적 부진의 원인이었다.

그때 나는 머리에 부스럼이 나서 심하게 앓은 적이 있었다. 성모보통학교 6학년 반에서 내 옆에 앉은 친구가 머리에 부스럼을 앓고 있었는데 그게 나에게 옮겨진 것이었다. 또 나에게서 같은 반 장대익에게도 옮겨졌고 마침내 감독 신부님에게까지 부스럼이 옮겨졌다. 기본스 신부님이 사진을 찍을 때 햇볕이 너무 강해 장대익 학생의 모자를 잠시 빌려 썼는데 그때 부스럼이 옮아간 모양이다. 학생 둘과 선생님, 이렇게 셋이 나란히 치료를 받으러 평양 시내 기독교병원에 갔다. 부스럼이 머리 전체로 번져 하는 수 없이 다들 삭발을 하고 귓가까지 붕대를 칭칭 싸맸다. 셋이서 다 같이 얼굴에 붕대를 동여매었으니 그 모양새가 남부끄러워 신부님은 우리를 택시에 태워서 서포로 데려가셨다. 나는 집으로 돌아와 요양하면서 그로부터 한 달간 학교를 쉬어야 했었다.

그 후 학교에서 시험을 쳤는데 성적이 뚝 떨어져 40등이 되어버린 것이다. 그때 함께 피부병을 앓았던 장대익은 성적이 그다지 많이 떨어지지 않았다고 했다. 나는 신부님께 책망을 들으면서 눈물을 뚝뚝 흘렸다. 한 달이나 아무 준비 없이 그냥 시간을 보냈던 게 후회가 되었다. 성적 때문에 꾸중을 듣게 된 처지여서 이만저만 속이 상한 게 아니었다. 그

평양 성모보통학교

전에 공부 때문에 꾸중을 듣거나 한 일은 한 번도 없었기 때문이었다. 그 일 이후 공부로 속을 끓인 적은 두 번 다시 없었다.

그때 나를 따끔하게 깨우쳐 주신 요셉 기본스 신부님을 나는 30년이 지난 후 '인천교구 설립 50주년' 행사에서 다시 뵐 수 있었다. 기본스 신부님은 어린 시절 나를 다잡아 키워주신 스승이셨다.

예비 신학교 시절은 신학교 동기들이 될 친구들과 처음으로 인연을 맺은 시기이다. 평양교구 각 본당에서 모인 이 예비 신학교 동기 중에 나중에 신부가 된 이들로 장대익, 이종순, 김진하가 있었다. 그리고 한 학년 선배로 지학순이 있었다.

장정온 악니다 수녀님과 인사

서포 교구청으로 신부님이나 수녀님들이 자주 오셨다. 그중에 장정온 악니다 수녀님을 뵙고 인사드린 적이 있다. 장 수녀님은 당시 방인 수도회인 '영원한 도움의 성모 수도회'의 수련장이셨다. 성모 수도회는 평양 시내 상수구리에 본원을 두고 있었는데 성모보통학교와 아주 가까이 있었다. 장 악니다 수녀는 원래 메리놀회 소속으로 평양에 들어왔지만 1932년 '영원한 도움의 성모 수도회'가 창립되면서 성모회 수련장으로 수도회를 이끌고 계셨다. 그러다가 메리놀회가 태평양 전쟁으로 추방되면서 그 수도회의 장상이 되셨다. 성모회는 관후리본당과 성모보통학교, 유치원 그리고 몇 개 본당에 파견 나가 있었는데 그중 강성효 베드로 수녀와 박숙안 까리타스 수녀는 성모보통학교에서 교사로 재직하고 있었다.

어느 날 나는 장 악니다 수녀님과 예비 신학교 마당에서 마주치게 되었다.

장 악니다 수녀

"우리 예비 신학생은 이름이 무엇인가요?"

"저는 윤공희 빅토리노입니다. 진남포본당에서 왔습니다."

"그러시구나. 우리 예비 신학생님, 열심히 공부해서 좋은 신부님 되셔야지요!"

자상한 미소로 격려해 주시던 장 수녀님의 모습이 오랫동안 잊히지 않았고 그 생각을 떠올릴 적마다 기분이 아주 좋았다. 장 악니다 수녀님은 나중에 공산군 치하에서 남한 장면 총리의 여동생이라는 이유로 특히 감시와 통제를 심하게 받았다. 전쟁 시기 평양에서 피해 지내다가 9·28 수복 후 유엔군이 북한을 탈환하기 직전 공산당에 끌려갔다. 병석에 누운 채 잡혀가시고 말았다는 말을 들었을 때 몹시 가슴이 아팠다.

소신학교 – 덕원과 서울 동성신학교로 나뉘다

예비 신학교 1년 과정을 다 마치고 소신학교 입학을 준비해야 했다. 그전까지는 소신학교는 모두 서울 혜화동에 있는 동성학교로 가는 것이었는데 덕원 소신학교가 개교하면서 1934년부터 평양교구에서는 서울과 덕원 양쪽으로 신학생을 보내게 되었다. 그런데 어느 쪽으로 가게 될지 그 기준이 된 것은 평양연합기독병원에서 한 신체검사 결과였다. 평양

연합기독병원은 19세기 말, 미국 감리교와 장로교에서 설립한 홀(Hall)기념병원과 평양제중병원, 그리고 평양부인병원이 1923년 1월에 하나로 통합하여 경영하던 병원이었다. 이 병원에서 일하던 한국인 의사 중에는 장기려(張起呂) 박사도 있었다. 당시 병원에는 의사와 직원의 숫자가 2백 명이 넘었고 진료 환자 수는 연간 8만여 명이나 되는 큰 병원이었다.

신체검사 결과로 건강이 약체인 아이들은 덕원신학교로 보냈는데 그 이유는 독일 베네딕도회가 운영하는 수도원 학교이니 음식도 좋고 아무래도 형편이 좀 더 나을 것으로 생각했다는 것이다.

예비 신학교 동기생 중 나를 포함하여 5~6명이 덕원으로 가게 되었다. 다른 절반 학생들은 서울 동성소신학교로 가게 되었는데 그중에는 장대익도 있었다. 입학 날이 다가오자 기본스 감독 신부님이 입학생 전부를 데리고 서울로 출발했다. 동성신학교 입학 날짜가 덕원신학교보다 빨랐기 때문에 먼저 데려다주고 우리는 며칠 뒤에 덕원으로 가기로 했다. 입학생 전원이 기차를 타고 서울로 가서 하루를 묵었다. 그때 우리는 창경원 동물원도 들렀고 처음으로 이곳저곳 다니며 서울 구경을 했다. 그리고 덕원신학교 입학생들은 다음날 다시 기차를 타고 덕원으로 출발했다.

2장
아름다운 기억, 신학교 시절

덕원신학교 신학생이 되다

원산 대목구장이며 덕원수도원 장상 보니파시오 사우어(Boni-fatius Sauer, 신상원) 주교 아빠스는 덕원신학교를 '덕원의 보석상자'라고 했다. 한국 천주교회를 일구어 나갈 미래 씨앗들이 자라날 터전이라는 의미였다. 덕원신학교의 정식 교명은 주보 성인 빌리브로르도(St. Willibrordus)의 이름을 따서 성 빌리브로르도 신학교이다. 1927년 12월 1일 함경남도 덕원군 북성면 어운리(해방 이후에 강원도 문천시 덕원면으로 행정 명칭 변경)에서 문을 열었다. 덕원신학교는 원산, 연길, 평양교구의 사목을 전담할 사제 양성을 목적으로 세워졌다. 북한 지역에 들어선 첫 신학교로서 서울 용산 예수성심신학교와 대구의 성 유스티노 신학교에 이어 조선에서는 세 번째 신학교였다.

덕원신학교 과정은 중등과 5년(소신학생), 고등과 2년(라틴어과), 철학과 2년, 신학과 4년 과정으로 총 13년이었다. 해마다 4월에 새 학기가 시작되어 7월 10일에 1학기를 마쳤다. 덕원신학교는 원산대목구와 연길지목구 출신 학생들이 주축을 이루었는데 평양교구에서도 점점 더 많은 학생들을 덕원으로 보내게 되었다. 초기에는 지원자가 적어 격년제로 신입생을 선발하였으나 1941년부터 매년 신입생들이 입학하였다.

나는 1937년 13세 되던 해 드디어 덕원신학교에 입학했다. 신학교 입학은 보통의 학교생활이 아니었다. 부모의 집을 떠나 하느님의 집으로 옮겨가 살게 되는 것이었다.

덕원역에서 내려 30분 정도 거리를 걸어서 베네딕도 수도원 전경을 마주했던 그 순간을 지금도 잊을 수 없다. 멀리서 봐도 웅장하고 아름다운 건물이 푸른 숲을 배경으로 서 있었다. 우뚝 솟은 종탑이 보이는 수도원과 그 옆에 신학교가 있었다. 신학교 뒤편으로는 수목이 울창한 얕은 야산이 있었고 그 너머로 동해 바다가 펼쳐지고 있었다. 수도원 앞으로는 넓은 논밭이 시원하게 트여있었는데 그 들판 한가운데로 서울에서 함흥과 청진으로 가는 기차가 증기를 내뿜으며 달리는 모습도 보였다.

나는 상하의 교복을 입고 있었는데 상의에는 6개의 단추가

덕원수도원과 신학교 전경

금색으로 빛나고 있었다. 단정하게 옷을 당겨 입고 교정에 들어섰다. 그로부터 13년의 세월을 보내게 될 덕원신학교 학생이 된 것이다. 가슴이 쿵쾅거리며 뛰었다. 드디어 내가 살아야 할 집에 들어섰다는 느낌이 들었다.

나와 같은 해에 입학한 동기생들은 전부 24명이었는데 평양교구와 함흥교구, 연길교구 학생들이었다. 연길교구 학생이 7명이나 되었다. 입학 동기 중에는 김남수 안젤로, 이종순 라우렌시오, 최명화 베드로, 김진하 사도 요한, 구상 요한(시인) 등이 있었다. 김남수 안젤로는 그 전해에 입학하려 했지만 격년제 입학으로 1년을 기다렸다가 들어왔다. 동기생 중

사우어 주교 아빠스

에 연변 출신으로 김동빈 프란치스코가 있었는데 그는 학교 다닐 때 별명이 장군이었다. 중간에 신학교에서 나가 남한으로 내려가 서울에서 군인의 길을 걸었는데 나중에 중장까지 올라가 진짜 장군이 된 친구였다. 입학시험에서 1등은 김동빈, 2등은 차 아우구스티노, 3등은 윤공희, 4등은 김남수였다.

신부 여섯만 나와도 내가 춤을 추겠다

입학한 그날 우리 신입생들은 모두 주교 아빠스께 인사를 드리러 갔다. 수도원 원장이면서 원산대목구 교구장인 사우어 주교 아빠스는 신학생들을 일일이 강복하신 다음 이렇게 말씀하셨다.

"오늘 너희 24명이 신학교에 입학했는데, 이 중에 신부 6명만 나와도 내가 기뻐서 춤을 추겠다!"

부디 어려운 소신학교 과정을 잘 마치고 끝까지 공부하여 사제가 되기를 바라는 마음으로 하신 말씀이었다. 사우어 주교 아빠스님의 말씀에는 사제가 되기 위해 가는 여정이 결코 쉽지 않다는 의미가 담겨 있었다. 그때 여섯이면 춤을 추겠다고 하셨는데 나중에 신부가 된 이들은 모두 5명이었다. 김남수 안젤로, 이종순 라우렌시오, 최명화 베드로, 김진하 사도요한 그리고 윤공희 빅토리노였다. 그러나 우리 다섯 모두 서품 시기가 달랐고 소속 교구도 다르게 되었다. 사우어 주교 아빠스님은 이 중에 김남수 한 명만 사제가 되는 것을 지켜보실 수 있었다.

　주교 아빠스님의 말씀을 들으면서 나는 속으로 갸웃했다. 24명 중에서 6명이면 겨우 4분의 1인데 신부가 되는 게 그렇게 어려운 일이란 말인가? 주위의 동기들을 살펴보았다. 모두 각오를 다진 표정이었다. 우리 중에 많은 이가 탈락할 수도 있다는 말이니 긴장이 되었다.

　시간이 지날수록 주교 아빠스의 말씀이 어떤 의미인지 알게 되었다. 사제 성소는 주어진 것이기도 했지만 열심히 노력하지 않으면 안 되는 것이었다. 첫 학기 시험에서 8명이 탈락하는 것을 보게 되자 더욱 그런 생각이 들었다. 당시 예비 신학생은 지원자가 원하여 교구 주교님이 추천을 해서 보내면 신학교에서 그대로 다 받아들였지만, 신학교에 들어와서는 첫 학기 동안 수학 능력을 보면서 신학교 공부를 계속할 수 있을지를 판단하였다. 그러나 신학교에 남아있게 되는 데는 성적이 전부가 아니었다. 공부를 잘하던 동기들 중에도 그만두고 나가는 학생이 있었다. 장군이란 별명의 친구와 차 아우구스티노도 한두 해 지나면서 차례로 신학교를 나갔고 구상(그때 이름은 구상준)도 3년간 다니다가 나갔다. 소신학교 시절에는 자의든 타의든 학교를 그만두는 아이들이 많았다. 동성신학교로 간 장대익 루도비꼬의 경우도 동기생이 50여 명이었는데 그 반에서 유일하게 장대익만 사제품을 받을 수 있었다.

신학생들은 방학을 맞아 본당으로 돌아가면 그 본당신부의 지도하에 있게 되었다. 신학교에서도 신학생에 관한 모든 소식은 본당신부에게 보냈다. 그러니 방학을 마치고 학교로 가기 전에 본당신부에게 인사하러 와서 학업 계속 여부를 알게 되는 것이었다. 본당신부님이 신학생에게 '너 이제 학교 올 필요 없단다. 학교에서 그렇게 연락이 왔다.' 하면 그것으로 신학교는 끝이었다.
  학생 중에는 이제 어려운 신학교 공부를 그만해도 되었다고 좋아하는 아이도 있었고, 더러는 낙망하여 대성통곡을 하는 아이도 있었다.

소신학교 시절

나에게 신학교 생활은 처음부터 아주 즐거운 것이었다. 생전 처음 보는 침대에서 잠을 자보게 되니 신기하기도 했다. 흰

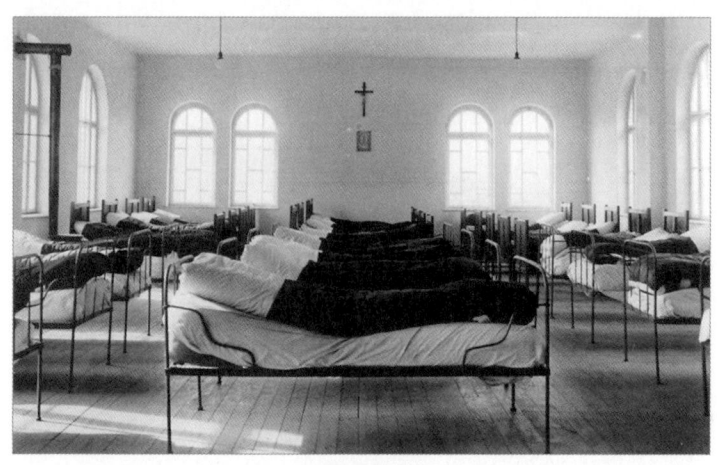
신학교 침실

광목천으로 만든 시트에 짚을 넣어서 만든 매트리스를 깔고 자는 침대는 푹신하고 따뜻했다. 다들 처음으로 하는 침대 생활이니 자다가 쿵 하고 떨어지는 소리가 들리는가 하면 그게 우스워서 또 킥킥거리며 웃는 소리도 들렸다. 벌떡 일어나 다시 침대에 올라 태연하게 잠을 청하며 아이들은 점점 서양식 생활에 익숙해졌다. 신기하게도 예비 신학교에서는 밤에 자다가 훌쩍거리는 소리가 여기저기서 들렸었는데, 신학교에 들어온 아이들 중에는 우는 아이가 한 명도 없었다. 소신학생은 한방에 열 명 정도가 함께 지내고 있었고, 대신학생은 저마다 각방을 사용했다.

신학교 식당에서 주는 밥은 매우 맛있었다. 주방에서 마련

함경남도 덕원신학교 소신학생들과 함께
(뒤에서 셋째줄 오른쪽에서 네 번째가 윤공희 대주교, 1939년경)

신학교 식당

해주는 세끼 식사는 입에 아주 잘 맞았다. 한식으로 나오니 못 먹을 일이 없었다. 식당에서 나란히 앉아 먹는데 교장 신부님도 학생들 바로 앞 식탁에서 함께 드셨다.

  신학교의 하루 일과는 매일 새벽 5시 30분에 일어나 저녁 9시 취침까지 빼곡하게 짜여 있었다. 아침에 일어나 묵상 시간을 가진 다음 미사 참례를 하고 식사를 한 후, 잠깐 동안 산책과 아침 자습 시간을 가진다. 그리고 9시부터 수업이 시작된다. 점심시간에는 식사 후 2시까지 밭일이나 흙을 다지는 공동 작업 시간을 보내고, 오후 수업을 하는 순서로 일과가 이어졌다. 신학생들은 독서와 묵주기도 시간 외 매일 30

분씩 자유시간이 주어졌는데 축구와 테니스, 장기와 윷놀이 등으로 즐거운 시간을 보냈다.

우리가 소신학교 다닐 때 주로 갔던 소풍은 여름철에 석왕사에 가는 것이었다. 석왕사는 함경남도 안변군 설봉산에 있는 사찰로서 원산에서 남쪽으로 기차를 타고 내려가는 길에 있었다. 이성계가 꾼 꿈을 조선 왕조의 왕이 될 징조라고 해몽해 준 무학대사를 기리기 위해 그가 수행했던 토굴 자리에 절을 지었다고 한다. 절 주변에는 아름드리 소나무가 울창한 숲을 이루며 절을 감싸고 있었다. 석왕사는 기차를 타면 하룻길로 다녀오기에 충분해서 소신학교 소풍 길로 자주 선택되었다. 대신학교 학생들의 소풍은 하룻밤을 머물 수 있는 금강산으로 가는 코스였다. 루치오 로트(Lucius Roth, 홍태화) 원장 신부는 산속에 소박한 휴양소를 한 채 지어서 무더운 여름철이면 누구나 2주 정도 머물 수 있도록 해주었다. 이 수도원 별장은 깊은 계곡 풍경이 아주 멋진 곳에 있었다. 수도원 식구들이 긴장된 공동체에서 벗어나 자연 속에서 쉴 수 있게 배려해 놓은 곳이었다. 원장 신부는 이곳에서는 수도자들이 수도복을 자유로이 벗게 허락해 주었는데 당시로서는 파격적인 처우였다. 우리 소신학생들은 바위 사이로 맑은 물이 흐르는 '지갯골'로 하루 소풍을 하러 가끔 갔다.

공부는 열심히

신학교에 입학한 학생들이 맨 먼저 부딪히게 되는 난관은 라틴어 시간이었다. 소신학생은 일반과목 공부도 해야 하지만 라틴어 공부는 필수였다. 당시 미사를 전부 라틴어로 드리고 있었고 또 대신학교에서 철학과 신학 과목을 모두 라틴어로 강의를 들어야 했으므로 라틴어를 잘하는 것이 무엇보다 중요했다. 1학년부터 시작된 라틴어 수업은 중등과 고등과까지 계속 이어지는 과목이었다.

신학교 수업

나도 라틴어가 처음부터 쉽지는 않았지만, 복사 시절 뜻도 모르고 외웠던 게 도움이 되었던 것일까? 점차 익숙해지면서 별 어려움이 없었다. 나는 특히 수학 과목을 좋아했다. 그 대신 지리와 화학은 재미가 없었다. 좋아하는 과목은 열심히 해서 점수가 잘 나왔지만 싫어하는 과목은 게을리하는 바람에 낮은 점수를 받아야 했다. 좋고 싫은 게 너무 분명히 드러나는 성격이 늘 반성 거리였지만 공부할 때에도 잘 극복이 되지 않았다.

신학교에 다니는 중학생에게도 감정의 변화기, 즉 사춘기가 찾아왔다. 중등과 3학년 무렵이 되자 내가 생각하기에도 자의식이 강해지고 매사를 객관적으로 판단하려는 성향이 강해졌다. 방학을 지내러 집으로 갔다가 신학교로 돌아오는 길이 그전만큼 신이 나지 않을 때도 있었다. 그렇다고 해서 사제 성소에 대한 의심을 품게 되었다는 뜻은 아니었다. 다만 바깥세상을 향해 고개를 좀 내밀어 보려고 했다는 말이다.

나는 신학 과목 외에 영웅전을 읽어보기도 하면서 세상을 멋지게 살다 간 위인들의 삶에 동경을 품어보기도 했다. 하지만 그것은 단순한 호기심 이상의 매력을 끌지 못했다. 신학교 바깥세상의 가능성에 대해 모르지 않았지만, 나의 지향은 오직 사제가 되는 것, 그 하나밖에 없었다.

소신학교 생활은 흥미진진했다. 학교가 개방적인 분위기

여서 우리 동기생들은 산으로 들로 모여 다니며 신나게 지냈다. 이 시절 함께 지내면서 동기생들끼리 우정이 많이 쌓였던 것 같다. 나는 번잡한 진남포에 비해 한적하고 고요한 수도원 환경에서 마음의 평화를 느낄 수 있어서 좋았다. 겨울에는 무릎까지 빠질 만큼 눈이 내리기도 했고 여름에는 시원한 해변이 우리를 반겨주었다. 그 유명한 원산 앞바다 명사십리도 신학교에서 3킬로 정도 떨어진 곳이라 걸어서 다닐 만한 거리였다. 고운 백사장에 해당화가 피어 있는 풍광을 즐겼다. 신학생들은 여름방학 전부터, 그리고 개학 후에도 날씨가 괜찮으면 바다 수영을 즐길 수 있었는데 나는 모래사장에 앉아 친구들이 수영하는 것을 멀찍이 앉아서 바라보는 편이었다. 원산이 고향인 최명화는 어릴 때부터 바닷가에서 살아서 그런지 수영 솜씨가 아주 뛰어났다. 하지만 교장 신부님은 바다에 갑자기 깊어지는 지점이 있다며 늘 조심하라고 당부하셨다. 1930년에 덕원에 온 지 1년도 안 된 베네딕도회 수도원의 젊은 사제 시몬 유트(Simon Jud, 윤) 신부가 덕원 앞바다에서 수영 도중 익사하는 사고가 있었다고 했다. 그 사고가 아니었으면 우리를 가르치고 계실 젊은 신부님이었다. 신학교는 가끔 뜻하지 않게 한국에 온 지 얼마 안 된 교수 재목의 젊은 사제들이 병이나 사고로 목숨을 잃게 되어 크나큰 인적 손실을 감당해야 할 때가 있었다.

신학교는 수도원과 걸어서 5분도 안 되는 거리에 있었다. 신학생들은 매일 아침 신학교 성당에서 교장 신부님이 집전하시는 미사에 참례하였고, 주일에는 수도원 성당에서 사우어 아빠스가 집전하는 장엄미사에 참석하였다. 아빠스는 천식이 심해 고생하셨는데 대미사 때 주기도문을 노래로 시작하고 못 마치시면 언제나 우리 신학생들이 큰 목소리로 끝을 맺곤 하였다.

덕원소신학교 졸업 기념(1942. 3.)

소신학생들은 대성당 예절에 갈 때는 검은 두루마기를 입고 그 위에 하얀 소백의를 입었다. 두루마기는 입학 때 각자 집에서 준비해 왔는데 학교 행사 때가 되면 두루마기를 입고 사진을 찍곤 했다. 교장 신부님은 그런 사진을 독일 수도원 본원으로 보내서 덕원신학교와 학생들을 소개할 때 쓴다고 말씀하셨다.

최고의 교수진

덕원신학교에서 우리 동기가 공부를 시작할 무렵 소신학교의 전체 교육은 안셀름 로머 교장 신부님을 비롯한 사제 다섯 분과, 한국인과 일본인 평신도 서너 분이 맡았다. 그 뒤부터는 교수 신부님들이나 평신도 교사들의 숫자가 유동적인 편이었다. 신부님들은 철학, 물리학, 라틴어, 교리, 교회사 등을 맡았고, 평신도 교사들은 한문, 동양사, 일본어, 물리, 화학, 수학 등을 가르쳤다. 대신학교로 올라가면서 신학 과목은 세분화되어서 교의신학, 윤리신학, 성서신학, 사목신학, 전례학 등 다양하게 개설되었다.

덕원신학교의 분위기는 비교적 자유롭고 가족적이었다. 교수 신부님들이 독일 베네딕도회 소속이었으니 독일인의 합리적인 성향이 그대로 묻어났을 것이다. 학교의 규모는 작았지만, 운영은 짜임새가 있었다. 학교 교칙에는 성문화된 규율이 없이 학생들이 자율적으로 행동하기를 기대하였다. 교수 신부님들은 학생들에게 엄격한 규칙을 강요하기보다 스스로 깨쳐서 배워나갈 수 있도록 세심하게 지도하였다.

우리 신학생을 한 사람 한 사람 인격적으로 키워주신 교수 신부님들에 대해서 나는 늘 고마움을 가지고 있다. 당시 신학교 교육의 주축을 이루었던 교수 신부님들을 생각해 본다.

안셀름 로머 교장 신부

안셀름 로머(Anselm Romer, 노병조) 교장 신부님은 세상의 누구보다도 내가 존경하고 사랑하는 스승이시다. 1918년에 독일에서 사제 서품을 받고 이듬해 한국 서울 백동수도원에서 시작하여 덕원으로 이어지는 28년의 긴 세월 동안 베네딕도 수도회에서 한국 사제들을 키워온 분이다. 한국에 오셔서 처음에는 본당 사목부터 시작하여 수도원 내 중요 직책을 몇 개씩 도맡아 광활한 선교지역을 조직하고 관리하는 일을 맡으셨다. 우리가 입학하기 직전인 1936년에 은경축을 맞이하셨고 당시 연세는 쉰을 막 넘기신 때였다.

교장 신부님은 뛰어난 강연자로 1935년 '조선 천주교 전래

안셀름 로머 신부

'150주년 기념행사'가 열린 10월 초에는 평양 시내 공회당에서 '가톨릭은 낙관적이냐 비관적이냐'는 주제로 강연을 하셨는데 이 독일 학자 신부의 강연은 교인들뿐만 아니라 비신자들에게도 깊은 감명을 주었다고 했다. 또 대목구의 이런저런 축제나 성당 봉헌식 같은 행사 때 자주 초청을 받는 아주 인기 있는 강론자셨다. 한국어를 배워서 1924년에 한독문법책을 펴내어 후배 신부들이 한국어 공부를 하는 데 큰 도움을 주셨다.

수도원에서 신학교로 소임을 옮겨오면서 교장 신부님은 본격적으로 신학교 일에 전념하셨는데 한국 신학생들에게 무한한 애정을 가지고 있었다.

'아이들의 가장 아름다운 특징은 그들의 눈에서 빛나는 천진난만한 정결함이다. 이것 때문에 그들의 여러 가지 단점과 결함을 기꺼이 보아 넘길 수 있다.' 하시면서 어린 신학생들의 경건함과 명랑함을 크게 아끼며 칭송하셨다. 실로 로머 교장 신부님은 엄격한 교육자라기보다는 자애롭고 헌신적인 아버지 같은 분이었다. 그분은 특히 합리적인 사고방식의 소유자로 학생들의 의견이라 무시하는 일 없이 항상 귀 기울여 들으시고 합당하면 언제든 받아들이시는 분이었다. 학생들 사이에서 만물박사로 통하였는데 교장 신부님께 물어보면 언제든 답을 얻을 수 있었고 해결책을 찾아낼 수 있었다. 교수 인력의 부족으로 당시 덕원신학교에는 영성 지도 신부가 따로 없었다. 그래서 신학생들은 주로 교장 신부와 면담을 하였으므로 교장 신부님은 우리 개개인에 대해서 훤하게 꿰뚫고 계셨다. 그래서 '오늘 누가 왜 기분이 안 좋아 보이는지' 다 알고 있었다.

덕원신학교에서는 흔히 신학교 생활에서 연상되는 무조건적인 복종이나 강요는 없었다. 학생들이 자율적으로 판단하고 실천할 수 있는 분위기를 만들어 주었다. 간혹 학생들이 불만을 제기해도 늘 웃는 얼굴로 들어주셨다. 하지만 학생들의 이야기를 다 듣고 나서는 이렇게 물어보셨다.

"네가 원하는 게 합당한 것이냐?"

그 물음은 학생들에게 스스로 많은 것을 묵상하게 만들었고 때로 저절로 답을 얻어내게 하는 진실한 가르침이 되었다.

로머 교장 신부님은 나에게 수도 사제의 꿈을 꾸게 하신 분이기도 하다. 그분을 보면서 수도 생활에 깊은 매력을 느끼게 되었는데 나는 신학교 시절 내내 수도사로 사는 삶을 그려보곤 했다. 하지만 평양교구 신학생으로서 교구의 기대를 저버릴 수는 없었다.

그때 평양교구는 원래 사제 숫자도 적은 데다가 메리놀회 미국 신부들이 추방되면서 교구의 재정 형편까지 매우 어려워져 있던 상태였다. 당연히 교구 신학생 양성에도 어려움이 닥쳤다. 그런데 평양교구 전 신자들이 팔을 걷어붙이고 나섰다. 교우들은 '우리 신학생은 우리 손으로'라는 구호를 내걸고 신학생 양성비 모금 캠페인을 벌여 신학생 후원에 나섰다. '한 본당에서 신학생 한 명 돌보기 운동'을 전개했다. 교우들은 다들 형편이 넉넉하지 않았음에도 불구하고 정성껏 재원을 마련해 신학생 양성에 필요한 기금은 금방 마련되었다. 교구 신자들의 정성을 생각하면 수도원에 들어가기 위해

교구를 떠나는 일은 상상하기 힘들었다. 수도 생활에 대한 관심을 포기할 수밖에 없었다. 만약 그런 상황이 아니었다면 아마 수도 사제로서의 삶을 택했을 수도 있었을 것이다.

교장 신부님도 그 사실을 잘 알고 계신다고 말씀하신 적이 있다. 언젠가 베네딕도 성인에 대해서 우리에게 이야기하실 때였다.

"내가 여러분에게 베네딕도 성인에 관한 이야기를 자주 하지 않습니다. 왜냐하면 각 교구에서 여러분을 이곳 덕원신학교에 보낼 때는 자기 교구 신부로 키워달라고 보내는 것입니다. 그런데 우리 수도원으로 오도록 한다면 그건 안 되는 일이겠지요."

교장 신부님은 누구보다 학생들의 편에 서서 우리를 돌보신 분이다. 1938년 9월 어느 날 한밤중에 신학교에 큰불이 난 일이 있었다. 밤사이에 불이 나서 신학교 건물이 모두 타 버리고 말았다. 그런데 훗날 사정으로 볼 때 이 화재 사고는 전화위복이 되는 일이었다. 허물어진 학교 건물을 다시 세우면서 원래 2층이던 기숙사 건물을 3층으로 올려 지은 덕분에 몇 년 후에 남쪽의 신학생들이 덕원으로 옮겨왔을 때 충분히 수용할 공간이 되었기 때문이다. 그러나 사고 직후 학교에서는 임시 방학을 고려해야 할 정도로 피해가 컸다. 신학교 건물이 몽땅 타버렸으니 도서관이나 학습실도 없어졌고 학생들은 입은 옷만 걸친 채 대피해야 했으니 남은 것이 하나도 없었다. 그래도 공부를 중단할 수는 없었으므로 대신학생들은 수도원으로 들어가고 소신학생들은 학교 근처 주일학교로 가기도 하고 수도원 내에 있는 여러 건물에서 생활했다.

그때 화재 원인을 밝히기 위해 경찰들이 와서 조사도 했지만 원인을 밝혀내지 못한 것으로 결론이 났다. 사실 한 학생이 그날 오후에 옥상 지붕 밑에 촛불을 켜두었다가 불이 났다는 원인을 알아냈지만 교장 신부님과 몇몇 관계자들만 알고 비밀에 부쳤다고 한다. 나중에 교장 신부님이 옥사덕 수용소에서 돌아가시기 전에야 그 사실을 밝히셨다고 한다. 로머 교장 신부님은 공산당에 끌려가 옥사덕 수용소에서 고초를 겪으시다 1951년 11월에 예순여섯의 나이로 선종하셨다. 교장 신부님은 마지막 순간까지 신학교로 돌아가 사랑하는 학생들을 가르치는 일을 할 수 있을 것이라는 희망을 버리지 않으셨다고 한다.

나는 덕원신학교를 떠난 후부터 지금까지 언제나 선배 신부들을 생각하고 특별히 교장 신부님을 생각한다. 교장 신부님의 음성이 귓가에 들리는 듯하다.

"빅토리노, 네가 원하는 게 주님의 뜻에 합당한 것이냐? 네가 행하는 게 주님의 뜻에 합당하다고 확신할 수 있느냐?"

오늘에 이를 때까지 내가 살아오는 동안 교장 신부님의 그 질문은 나에게 하나의 나침반이었다. 스승의 그 질문에 대한 답을 찾는 것이 곧 하느님의 섭리를 찾아가는 길이기도 했다.

"너 잘하고 있느냐? 빅토리노~"

하느님의 뜻을 헤아리는 노정에 없어서는 안 될 나의 스승 로머 교장 신부님의 가르침을 지금도 듣고 있다.

루치오 로트 원장 신부

윤리신학을 가르치신 루치오 로트 원장 신부님은 감정을 드러내는 법이 없는 분이었다. 수도원의 원장직을 맡아 많은 일을 해내야 했던 그분은 아무리 힘들어도 불평하는 법이 없으셨다. 자신에 대해서 매우 엄격한 태도로 생활하였고 신학생들에게도 그런 태도를 기대하시는 것 같았지만 강요하지는 않으셨다. 종종 학생 지도에 관한 문제를 두고 원장 신부님과 교장 신부님의 의견이 갈리곤 했다.

신학생들이 수도원 근처 마을 아이들을 가르치는 때도 있었는데 루치오 원장 신부님이 아이들이 뛰노는 것을 보시고

루치오 로트 신부

이렇게 말씀하셨다.

"우리 학생들이 공부하는 시간을 방해받는 게 아닌지 걱정됩니다. 그리고 아이들 가르친다고 하면서 오히려 아이들과 어울려 노는 건 아닌지 걱정됩니다."

그때 교장 신부님은 이렇게 대답하셨다.

"아이들과 놀면서 가르치는 법을 배운다면 그것이야말로 더 중요한 배움이 아니겠습니까?"

교장 신부님은 학생들 스스로 체험하고 배울 기회를 주는 게 중요하다고 생각하는 분이었다.

라틴어 선생님

빌리발도 쿠겔만(Willibald Kugelmann, 공락도) 신부님은 초급 라틴어 수업을 담당하셨다. 라틴어 과목은 신학생들이 처음에 들어와 가장 어려워하는 학과목 중 하나였다. 언어의 구조나 단어 뜻이 우리말과는 너무 달라서 라틴어와 친숙해지는 데 시간이 오래 걸릴 것 같았다. 쿠겔만 신부님은 우리가 라틴어 입문 단계에서부터 체계적으로 익혀나가도록 잘 가르쳐 주셨다. 쿠겔만 신부님은 1차 대전 직후 제대하고 바로 수도회에 입회하신 분으로 군인 장교(대위)로서 군대에서 단련한 규칙을 수업 시간에 적용했다. 작은 체구에 건장하신 그분은 걸음을 걸을 때도 매우 절도가 있었고 톱니바퀴처럼 철저한 수업 방식을 적용해 학습 효과를 극대화했다.

군인으로 복무했다는 말을 듣고 학생들은 무용담을 기대하면서 수업 시간에 신부님을 귀찮게 하기도 했다.

"신부님 군인이셨다고 들었습니다! 군대 이야기 좀 들려주세요!"

학생들이 졸라댔지만, 신부님의 대답은 늘 간단명료했다.

"사람을 죽인 적 없습니다."

그리고 바로 다음 진도를 나가시곤 했다.

쿠겔만 신부님은 옥사덕 수용소에서 고생하셨지만, 다행

히 독일로 귀국할 수 있었다. 그 뒤 1959년에 한국으로 다시 파견 나왔다가 독일로 돌아가서 오틸리엔 수도원에서 선종하셨다. 로마 유학 시절 방학을 맞아 나와 지학순 다니엘 신부가 함께 오틸리엔 수도원을 방문해서 신부님을 만날 수 있었다. 그때 쿠겔만 신부님은 우리를 반갑게 맞아 안아 주시며 이렇게 말씀해 주셨다.

'오, 빅토리노! 다니엘! 나의 기쁨이요, 나의 화관이요!'

필리피서(4,1)에서 사도 바오로가 말씀하신 구절로 어엿한 사제가 된 제자들을 자랑스러워하셨던 분이다.

점차 학년이 올라가면서 고급 라틴어는 디모테오 비테를리(Timotheus Bitterli, 이성도) 신부님과 교장 신부님이 가르치셨다. 비테를리 신부님은 신학교 기숙사 사감을 맡으신 분이기도 했다.

고등과 2년은 라틴어 반이라고들 하는데 철학과로 올라가기 위한 준비 단계로 이때는 라틴어 공부에 전력해야 한다. 중등과에서는 일주일에 4시간 정도 라틴어 수업이 있었지만 고등과에서는 일주일에 9시간을 공부해야 했다. 고대 라틴어에서 현대 라틴어까지 문법과 독해, 작문까지 두루 공부했다. 중등과 5년에 고등과까지 라틴어를 공부하고 나면 어느 정도 라틴어를 배운 것 같은 느낌이 들었다. 처음부터 아주 체계적으로 라틴어 교육을 받은 우리 덕원 출신 신학생들은 모두 라틴어에 자신감이 넘쳤다. 한국 라틴어의 대가이며 『라한사전』을 펴내신 허창덕 신부님도 덕원신학교 출신이시다.

아르눌포 슐라이허 부원장 신부

아르눌포 슐라이허 신부

수도원 부원장 직책을 맡고 계셨던 아르눌포 슐라이허 (Arnulfus Schl-eicher, 안셀명) 교수 신부님은 로마 성 안셀모 대학에서 신학 박사 학위를 받은 분으로 공부를 마치고 바로 덕원신학교 교수로 파견되었다. 그래서 다른 신부님들보다 젊은 편이었고 교의학과 성경 주석학 교수로 실력을 인정받는 분이었다. 그분은 언어 문제에도 관심을 쏟아 바쁜 중에도 틈틈이 번역 작업을 하여 〈신약성서 서간, 묵시록〉을 펴내셨다. 일제가 한국어 사용을 조직적으로 탄압할 즈음인 1941년에 나온 그 성서 덕분에 그전에 나와 있었던 네 복음서와 더불어 온전한 한국어 신약성서가 완성될 수 있었다. 아르눌포 신부님은 한국에 오자마자 원산본당 사목을 하며 현장 사목의 일상과 고생을 직접 체험하였는데 1948년 들어서 공산 정권의 박해가 심해지는 가운데도 '평신도 묵상회'가 열리는 자리에는 늘 교우들과 함께했다. 덕원수도원이 폐쇄될 때까지 수도원 수련장과 부원장으로서의 소임을 맡아서 신학생과 수도자들을 지도했다. 1952년 6월에 마흔여섯의 나이로 옥사덕 수용소에서 선종하셨다.

당시 덕원신학교는 전국에서 박사 학위 교수가 많은 신학교로 알려져 있었다. 학식 높은 교수진을 갖추는 데는 사우어 주교 아빠스의 공이 컸다.

주교 아빠스님은 매년 수도원과 신학교를 위한 모금을 하기 위해 유럽과 미국 등지로 다니셨는데 일흔을 바라보는 노인에게 힘에 부칠만한 여정이었지만 끄떡없으셨다. 본원인 독일 상트 오틸리엔 수도원에 갈 때마다 수도자와 교수 신부인력을 보내 달라는 청을 끊임없이 하셨다. 그리고 특별히 덧붙였는데 바로 '학식 높은 교수 신부'를 파견해달라는 것이었다. 사우어 주교 아빠스는 한국인들의 높은 교육열뿐만 아니라 특히 학식 높은 이들에 대한 존경심을 잘 이해하고 있었다.

학부모들은 자기 자식들이 많이 배운 사람에게 가르침을 받는다는 사실을 아주 자랑스러워한다는 것이었다. 신학교 교육에서도 그대로 적용되어 특히 장차 신부가 될 학생들을 가르치는 신학교 교수들은 남들보다 훨씬 학식이 높아야 한다고 기대했다. 한국 사람들은 덕원신학교에서 교수로 가르치려면 적어도 박사 학위 하나는 있어야 한다고 생각했다. 독일 신부들이 덕원에 도착할 때마다 덕원 기차역에서 형사들이 일일이 그들을 붙잡고 어디에서 공부했는지, 박사 학위는 가졌는지 등을 꼬치꼬치 캐물었다고 한다.

여기에서 여담으로 한 가지 생각이 난다.

내가 광주교구장으로 있을 적에 당시 경북 문경에서 전교하고 계시던, 베네딕도회 에르네스토 지베르트(Ernestus Siebertz, 지) 신부님이 우리 광주교구 신부들의 연례 피정을 지도하신 적이 있었다. 그분은 덕원수도원에 계셨던 분이다. 피정 시간에 이런 이야기를 하셨다.

"사우어 주교 아빠스님이 거의 매년 상트 오틸리엔 수도원을 찾아가시면 수도원장에게 덕원으로 신부를 보내 달라고 청하셨어요. 오틸리엔 수도원에서도 보낼 신부가 없다고 해도 계속 간청하시는 것이었어요. 그때 오틸리엔 아빠스께서 '도무지 쓸모없는 신부가 한 명 있긴 한데 …' 하시면서 머리를 긁적이셨어요. 사우어 주교 아빠스님이 바로 '아무 신부라도 좋습니다. 그저 신부면 됩니다!' 하셨어요. 그렇게 해서 '쓸모없는 그 신부'가 한국으로 오게 되었는데, 그 신부가 바로 나야! 나!"

그 이야기를 듣고 있던 신부들이 모두 웃음을 터트려 강의실이 웃음바다가 된 적이 있다.

사우어 주교 아빠스는 '덕원신학교 교수로 일할 학식 높은 수도 사제'에 대한 청을 넣은 편지를 꾸준히 독일 본원으로 보내셨는데, 제2차 세계 대전 중이라 덕원에서 보낸 편지가 몇 달 만에 오틸리엔에 도착하기도 하였다. 그때는 나치 정권이 독일 수도원을 모조리 폐쇄하는 바람에 독일 본원 아빠스는 멀리 덕원의 사우어 주교 아빠스의 청을 더 이상 들어줄 수가 없었다.

루페르토 클링자이스 신부

덕원신학교의 학자 신부 중 철학을 가르친 루페르토 클링자

루페르토 클링자이스 신부

이스(Rupertus Klingseis, 길세동) 신부님은 학자 신부 중에도 유명한 분이었다. 클링자이스 신부님은 로마에서 박사 학위를 받고 독일에서도 다시 또 학위를 받아서 박사 학위를 두 개나 가진 분이었다. 상트 오틸리엔 수도원에서는 라틴어 교사이면서 수도원 철학대학 학장을 지내셨다. 애초 독일에서 학자 신부로 남아있기를 원했지만 사우어 주교 아빠스님의 청으로 1931년 덕원으로 오게 되었다. 철학 분야에서 독보적인 존재였던 그분은 덕원에서 철학을 주당 11시간 이상 가르치고 교회사까지 맡아야 했다. 그분의 강의는 학생들 사이에서 아주 인기가 높았다. 클링자이스 신부님은 한국어를 거의 말하지 않으셨지만 학생들을 가르치는 데 별 어려움이 없었다. 수업을 라틴어로만 했고 사제 서품 피정 같은 지도도 라틴어로 진행했기 때문이다. 그분은 일제 치하의 한국에서 있고 싶은 생각이 없었던 터라 한국어를 따로 배우지 않으셨다. 더구나 강의하느라 너무 바빠서 배울 시간도 없었다. 하지만 신부님은 학술 활동에서는 한국어로 하기를 원하셨고 그것을 위해서는 실로 대단한 노력을 기울이셨다. 강좌 말미에는 언제나 한국어로 정리를 했고, 강론 원고도 미리 한국어로 작성하여 전부 외워서 이야기하실 정도였다. 해방되자 신부님은 이제는 한국에 남아서 일할 수 있다고 하면서 한문 시간에는 우리 학생들과 함께 수업을 받으셨다. 클링자이스 신부님은 『경향잡지』나 『가톨릭 조선』 등에 많은 글을 발표하였는데 1940년에는 「인간의 영혼은 물질인가 정신인가」하는 내용으로 소책자를 펴냈다. 이 책자 때문에 무신론을 신봉하는 공산당으로부터 더 심한 고초를 겪어야 했다.

클링자이스 신부님은 38선이 쉽게 열리지 않을 것이라 예견하셨다. 우리와 함께 한문 공부를 하던 시간에 소련군의 개입과 38선에 대해 새로운 의견을 나누고 있을 때였다. 학생들이 물었다.

덕원신학교 교수와 신학생들(뒤에서 두 번째 줄 왼쪽에서 네 번째 윤공희 대주교)

"38선이 생겨 남북한 통로가 닫혔지만 얼마 지나지 않아 곧 열리겠지요?"

"아닙니다. 적어도 20여 년은 더 지나야 열릴지도 몰라요. 그렇게 빠른 시간 안에 열리지 않을 겁니다."

듣고 있던 신학생들은 고개를 갸웃거렸다. 그렇게 오래 걸릴 일이 무엇이냐? 지금이야 그렇지만 이런 상황이 그리 오래가지 않을 것이다, 곧 38선이 열려서 남북 간 왕래가 그전처럼 자유로워질 것이다, 다들 그렇게 믿고 있었다. 그러나 그 독일 신부님의 말씀이 맞았다. 아니 그의 말이 틀리기도 했다. 20년이 아니라 그보다 세 곱절이 넘는 긴 세월이 지났지만, 아직 열리지 않고 있지 않은가. 클링자이스 신부님은 공산당에게 끌려간 지 거의 1년만인 1950년 4월 평양 교화소에서 사우어 주교 아빠스가 선종하신 지 두 달 후, 하느님 곁으로 가셨다.

평신도 교사들

내가 신학교 2학년 때인 1938년부터 일제는 일본어 사용을 강제하기 위해 국어 상용이라고 하면서 모든 공식기관에서 조선어 사용을 금지하였고 학교 학과목에서 조선어 과목을 없앴다. 신학교에서도 학과 시간에 라틴어와 일본어 사용만 허용했다. 신학교에서는 라틴어를 주로 쓰고 있으니 일제의 통제에서 비켜서 있을 수 있었지만 수도원 독일 신부들은 본당 사목 활동에서 상당한 곤란을 겪어야 했다. 본당에서 나이 많은 교우들은 아예 일본어를 알아듣지 못하니 미사 강론은 조선어로 해야만 했다. 독일 신부들은 미사 중에 조선어 사용이 불가피하다며 일제가 뭐라고 해도 조선어 사용을 굽히지 않았다. 하지만 장기적인 안목으로 본당 사목을 위해서 베네딕도회 신부들도 일본어를 배워야 한다는 사실을 인정하지 않을 수 없었다. 덕원수도원 신부들은 일본의 요코하마 인근에 있던 베네딕도회 도노가오카(殿ヶ丘) 수도원으로 일

본어를 배우기 위해 일 년씩 다녀왔다.

우리 학년이 입학했을 무렵 신학교에는 평신도 교수 네 분이 가르치고 있었다. 나중에는 숫자가 좀 바뀌기도 했지만, 처음에는 그중 세 명이 일본인이었다. 나머지 한 분이 한국인 교사로 역사를 가르치신 서정덕 선생이었다.(그분의 아들이 서인석 신부다.)

소신학교 3학년 무렵, 철없는 신학생들이 '신라의 달밤'이라는 유행가를 부르다 서정덕 선생님에게 야단맞은 적이 있었다.

"너희 신학생들이 그런 노래를 부르면 안 되지!"

길게 꾸짖은 것도 아니었다. 한마디 하셨을 뿐이지만 학생들은 얼른 수긍하고 고개를 숙였다. 신학생들은 매사에 자신이 행하는 말과 행동에서 사제의 길로 가는 데 어긋남이 없는지 잘 살필 줄 알아야 했다.

일본인 교사 중에 오키나와 출신의 도마 선생이 있었는데 그분은 일본어를 가르치고 있었다.

나이가 좀 많은 데다 덩치도 큰 도마 선생은 독신으로 지내면서 학자의 꿈을 키우고 있었는데 학생들은 그 선생을 아주 좋아했다. 도마 선생은 해방 후 공산당이 신학교에 들어왔을 때 침대 밑에 숨어 있다가 무사히 탈출해 38선을 넘어갔다. 일본으로 돌아가 예수회에 들어갔다가 수련 생활을 하던 중에 나와서 요코하마 예수회에서 운영하는 고등학교에서 교사로 지내다 자살하셨다고 했다. 평생 공부밖에 몰랐던 도마 선생이 덕원을 떠난 후 삶이 평탄하지 못했음을 짐작할 수 있었다. 도마 선생의 소식은 내가 광주교구장 시절, 광주교구와 요코하마교구가 같은 해에 '교구 설정 50주년'을 맞게 되어 요코하마교구의 초청으로 방문했을 때 알게 되었다. 나는 그때 그분의 무덤을 참배하며 덕원 시절 옛 스승께 인사를 드렸다.

신학교 관현악단

덕원신학교는 시골의 작은 학교라고 생각될지 몰라도 교육 여건이 매우 훌륭한 학교였다. 학교에는 당시 우리로서는 생전 처음 보는 악기가 이것저것 갖추어져 있었는데 우리는 누구나 자신이 원하는 악기를 배울 수 있었다.

덕원신학교에는 신학생 관현악단이 있었는데 우리가 입학하기 얼마 전인 1934년에 시작되었다고 했다. 이 관현악단은 수도원과 신학교 내 종교음악회와 체육 행사 등 각종 행

신학교 관현악단

사 때 연주를 도맡아 했는데 때로는 학교 밖으로 나가서 원산 해성학교 악단과 함께 이웃돕기 자선 음악회를 개최하기도 했다. 지휘는 볼프라모 피셔(Wolframus Fischer, 진) 신부가 맡았는데 단원은 25명 정도였다. 피셔 신부는 신학 공부를 할 때 음악 공부도 같이 하신 분으로 교회 음악에 조예가 깊었고, 1938년 7월에 〈가톨릭성가〉를 내기도 했다. 라틴어 그레고리오 성가도 부록으로 실려 있었다. 한국 성가가 2백여 곡이나 실려 있었던 이 성가집은 교우들이 미사 전례에 적극적으로 참여할 수 있는 바탕이 되었다. 당시 한국어 성가집의 출현은 미사에 더 많은 신자를 불러 모으는 계기가 되었다. 특히 음악을 통한 선교 활동은 젊은 층에 깊은 감화를 주었는데 조선어 성가집은 당시 일제의 조선어 말살 정책과는 정반대 방향으로 가는 것이기도 했다. 1938년에 서른다섯의 나이로 피셔 신부가 심장마비로 사망했을 때 이 젊은 사제의 장례식에는 외교인 학생들까지 모여와 슬퍼하였다.

  신학교에 들어와 난생 처음으로 악기를 만져보게 된 신학생이 거의 대부분이었을 것이다. 제각기 서툴게 연주하느라 박자와 소리가 제대로 맞지 않았지만 우리는 다들 신나게 악기 연주를 즐겼다. 학생들이 하모니카를 불고 풍금을 치고 바이올린을 켜고 클라리넷을 부는 모습을 보고 교수 신부들은 마치 집시 가족 같다고 웃으시기도 하였다. 다들 가난한 살림이라 먹고 살기에 급급했던 그 어려운 시절이었음에도, 덕원신학교는 여러 가지 악기를 갖춰서 전인적 교육 여건을 마련해 주었으니 지금 생각해도 놀랍고 감사하다.

  "아직 아니야! 잠깐만 기다려. 내가 신호하면 트럼펫부터 연주하는 거야!"

  신학생들은 신이 난 목소리로 서로에게 소곤거리고 있었다. 그날은 사우어 주교 아빠스의 영명 축일이었다. 수도자들과 신학생들이 오케스트라를 꾸려서 축하 연주를 하기로 되어 있었다.

  20여 명 가량의 오케스트라 단원들은 저마다 악기를 손에 잡고 대기 중이다. 이제 조금 있으면 연주 차례가 올 것이다.

열을 지어 식장으로 가 주교 아빠스님 앞에서 그동안 연습한 곳을 멋지게 들려드리면 된다.

"빅토리노, 오늘 노래 잘 불러!"

"알았어!"

악단의 축하 연주가 끝나고 이제 내 차례가 되었다. 주교 아빠스님의 영명 축하식에서 내가 독창하기로 되어 있었다. 긴장은 되었지만 잘 부를 자신이 있었다. 성큼 연주단 앞으로 가서 절을 하고 노래를 시작했다.

관혁악 수업

곡목은 이태리 가요 '오 솔레미오'였다.

"케 벨라 코사 나 쥬르나타에 솔레~~~"

신학교에서 성가나 노래 부르기라면 언제나 '윤 빅토리노가 일 순위로 꼽혔다.

하지만 나도 처음에는 악기에 관심을 두고 몇 가지를 시도해보았다. 음악 수업에서는 누구든지 원하는 대로 악기를 골라 공부할 수 있었다. 맨 처음에는 클라리넷을 선택해서 열심히 불어보았는데 생각만큼 소리가 나지 않았다. 숨찬 소리만 들렸다. 그런데 어느 날 내가 클라리넷을 힘들게 부는 것을 보고 교장 신부님이 걱정하셨다.

"어린 학생이 입으로 부는 악기를 하는 것은 건강에 해로울지도 몰라요."

그때는 폐결핵 같은 질병들이 만연했고, 학생들의 영양 상태도 그렇게 좋은 편이 아니었으니 염려되셨을 것이다.

"그럼 저는 바이올린을 해보겠습니다." 바이올린을 선택해서 연주를 해보려고 했지만, 그 또한 쉽지 않았다. 생전 처음 만져보는 바이올린은 멋지게 보였지만 마음과 달리 삑삑거리며 이상한 소리만 났다. 그래서 오르간으로 옮겨갔다가 결국 오르간도 그만두었다. 그 이유는 동기 이종순과 함께 오르간을 연습해 보았는데 화음 변조 부분에 다다르면서 내가 한계를 느꼈기 때문이다. 이종순은 화음 변조를 아주 쉽게 알아내면서 연주하는데 내게는 그게 너무 어려웠다.

악단을 맡고 계셨던 피셔 신부님은 내가 박자 감각이 아주 뛰어나다고 칭찬하시며 악기 연주는 서툴러도 내가 악단에 도움이 된다고 하시면서 연주하기를 권하셨다.

결국 악기를 다루는 감각이 변변치 않다는 사실을 깨닫고 나는 성가를 부르기로 했는데 의외로 노래 솜씨가 괜찮았던 모양이다. 그래서 미사 때 선창자로 자주 노래를 부르게 되었다.

수도원 예절이나 성무일도, 대축일 때에는 성가로 미사를 드리고 독서 기도를 노래로 하였는데 그때마다 내가 독창자로 나서게 되었다. 성탄절 자정 미사 때 제2독서를 그레고리오 성가로 부르는 일도 아주 좋았다.

소신학교 때는 아직 변성기 전이어서 보이 소프라노 파트로 뽑혀서 불렀는데 음색이 좋은 데다 노래에 재능이 있다고 알려지면서 신부님들 영명 축일이나 수도원 내 축하식 행사에 축하곡을 부르는 임무를 자주 맡게 되었다.

그레고리오 신부님

피셔 신부님에 이어서 그레고리오 조르거(Gregorius Sorger, 김) 신부님이 1940년부터 신학교와 수도원의 음악 활동을 책임지셨다. 그분은 독일 베네딕도회 보이론 수도원에서 한국으로 파견 오신 분으로 영어와 독일어 강의를 하면서 음악

지도도 하셨다. 수도원으로 오자마자 우리 음악 교육을 맡으셨는데 그해에 그레고리오 신부님은 고향으로 보내는 편지에 이렇게 쓰셨다.

'1941년 성주간 미사 때 엑술텟트(Exsultet)를 불렀다. 덕원 신학교 성가대에 아주 훌륭한 학생들이 있다.'

그분은 신학생들에게 음악을 지도하는 일을 매우 자랑스러워하셨는데, 나는 그레고리오 신부님에 대한 각별한 기억이 있다.

내가 축일 미사 때나 대미사 때 성가 선창자 넷 중 하나로 노래 부르는 일이 잦아졌다. 으레 윤 빅토리노가 부르는 것으로 되어있었다. 그런데 어느 날 독창자로 나서는 일이 부담되었다. 고민 끝에 그레고리오 신부님께 말씀드렸다.

"신부님, 저는 이제 솔로를 그만하고 싶습니다."

"왜 그렇게 결정했니?"

"다른 사람들 앞에 나가서 부르기가 좀 부담이 됩니다."

"음 … 부담이 될 수도 있겠지. 그런데 네가 성가를 불러서 다른 사람들에게 얼마나 큰 즐거움을 선사하는지 그걸 한번 생각해보렴. 너는 아주 좋은 일을 하는 거란다."

큰 키에 안경을 낀 그레고리오 신부는 마치 어린아이와 같은 선한 눈빛을 가진 분이었다. 그분이 조용하게 타이르는 말을 듣고 있노라면 애초 고민이 무엇이었는지 생각이 나지 않을 정도였다.

나는 그 후 미사에서 선창자로 성가를 부르는 일에 더욱 자신감을 가질 수 있었다. 성탄 즈음이면 신부님과 함께 가까운 함흥본당으로 가서 그레고리안 성가를 부르기도 했다.

덕원수도원 성당

그레고리오 신부님은 또한 오르간 연주자로 뛰어난 실력을 갖춘 분이었다. 신부님의 오르간 연주는 해방 이후 덕원 수도원으로 소련군이 들락거리며 주변을 어렵게 할 때마다 분위기를 누그러뜨리는 데 도움이 되기도 했다. 원산항에 들어와 있던 소련군 함장은 그레고리오 신부의 파이프 오르간 연주를 들으려고 일부러 수도원을 찾아올 정도였다.

그레고리오 신부는 수도원 대성당의 파이프 오르간을 마지막까지 연주한 분이다. 덕원수도원 대성당의 파이프 오르간은 북한군이 쳐들어와 부수어 버리면서 그 생명을 다하고 말았다. 그레고리오 신부님 역시 파이프 오르간의 운명처럼 옥사덕에서 만포 수용소로 옮겨간 후 1950년 11월 주님 곁으로 떠났다.

수도원 성당의 파이프 오르간 소리는 신학생들이면 누구에게나 깊은 감동으로 각인된 소리다. 은은한 파이프 오르간 소리는 멀리까지 울려 퍼져 수도원 근처 산과 들, 하늘까지 채우고도 남았다. 당시 북한 쪽에는 원산본당과 덕원수도원 성당 두 군데에만 파이프 오르간이 있었다. 이 파이프 오르간은 전기를 쓰지 않고 뒤에서 사람이 바람통을 밟아서 소리를 내는 방식이었다.

깐또르가 되다

나는 신학과 2학년으로 올라갔을 때 드디어 깐또르(Cantor, 선창자) 넷 중 하나로 선발되었다.

어느 날 그레고리오 성가 연습 시간 때였다. 로머 교장 신부님이 최명화, 김남수, 나 세 명을 앞으로 부르시더니 성가를 한 소절씩 불러보라고 하셨다.

"먼저 빅토리노, 한번 불러 봐!"

'글로리아 인 엑셀치스 데오(Gloria in excelsis Deo)'

"음, 통과!"

"다음 베드로!"

"그래 잘했다. 통과!"

그리고 김남수 안젤로도 불렀다. 그날은 교장 신부님이 깐또르를 선발하는 날이었다. 교장 신부님은 음악에도 재능이 뛰어나신 분으로 성가도 직접 가르치셨다. 수도원의 으뜸 깐또르였던 교장 신부님은 신학교의 깐또르도 직접 선발하셨는데 그 시간이었다.

깐또르는 미사와 성무일도 때 전례를 이끌어가는 주송자와 선창자를 말하는데 베네딕도 수도회가 특히 아름다운 전례로 유명한 만큼 깐또르의 위치 또한 매우 중요한 것이었다. 그러므로 깐또르로 선발되는 것은 대단한 명예이기도 했다. 교장 신부님의 일종의 테스트를 거쳐서 나와 최명화 둘이 학생 깐또르로 선발되었다. 보통은 깐또르 넷 모두 신부님들이 맡아서 했는데, 가끔 신부님 두 분과 신학생 두 명이 다 같이 부르기도 했다. 주교 아빠스님이 드리는 대미사 때에는 교장 신부님과 다른 신부님 한 분이 주요 깐또르로 나서고 최명화와 내가 신학생 깐또르를 했다. 최명화는 무슨 악기든지 아주 잘 다루어 음악부장을 맡기도 했다.

깐또르 처음에는 수단 위에 중백의를 입고 하다가 삭발례를 받고 나서는 이제는 성직자가 된 것이니 카파(cappa)를 받아 입고 성가를 불렀다. 그때 처음으로 카파를 입어 보니 좀 떨렸다. 어깨 위로 두르는 망토같이 생긴 카파를 두르니 이제 나도 진짜 성직자가 되었구나 하는 느낌이 들면서 평소와는 다른 각오가 느껴졌다. 수도원 예절, 성무일도, 대축일 미사 때 독서 기도를 노래로 드리는 일은 정말 큰 기쁨이며 은총이었다. 성탄미사나 부활성야 미사 때 모차르트의 미사곡인 '엑술텟트(기뻐하라)'를 부르던 그 감동은 아직도 내 가슴에 남아있다.

다른 이들도 칭찬해주었지만 나 자신도 노래 솜씨가 나쁘지 않다고 생각했다. 로마 유학 당시에 우르바노 대학에 다니면서 성 베드로 신학원(기숙사)에서 살았는데 대축일이 되면 미사 때마다 나는 네 명의 선창자 중 하나로 뽑혀 성가를 부르곤 하였다. 어떤 때는 내가 솔로 부분을 맡아서 부를 때도 있었는데 그로 인해서 내가 이전에 오페라 가수였다고 헛소문이 돌아 곤혹스러울 때도 있었다.

월반을 하지 않다

덕원신학교를 둘러싼 산과 언덕의 나무들은 해를 거듭할수록 푸른 가지들을 무성하게 뻗어 나갔다. 우리 신학생들도 그렇게 커나가고 있었다. 일제가 물러나고 해방의 기쁨도 잠시, 느닷없이 들이닥친 공산 정권은 신학교에 대한 압박의 수위를 점점 높여왔다. 하지만 바람이 드세다고 나무가 성장을 멈추지는 않는 법이다. 교수 신부님들은 흔들림 없이 우리를 가르치셨고 신학생들도 배움에 대한 열의를 더욱 굳세게 다졌다.

고등과 1학년을 마칠 무렵 어느 날 로머 교장 신부님께서 불렀다.

"빅토리노, 너도 월반하기를 원하느냐? 네가 원하면 월반할 수 있단다."

교장 신부님은 김남수 안젤로의 월반을 허락하려고 생각 중이셨다.

동기생 안젤로는 반에서 늘 우수한 성적으로 고등과 2년 과정을 1년 만에 끝내고 바로 대신학교로 올라가기를 원했다. 그래서 교장 신부님은 안젤로를 월반시킬 생각이었는데 그렇게 되면 나도 월반이 가능하다고 생각하신 것이다. 김남수 안젤로와 나는 소신학교 내내 늘 1, 2등을 다툴 만큼 둘 다 공부를 잘했다.

입학시험에서는 내가 3등, 김남수가 4등이었는데, 우리 앞에서 1, 2등을 하던 학생 둘이 차례로 신학교를 나가면서 그 후에는 언제나 나와 김남수가 1, 2등을 다투었다. 서로 선두를 다투는 터라 남들이 생각하기에 라이벌이 될 법도 했지만 우리는 아주 친하게 지냈다. 주변에서 다들 신기하게 여길 정도였다. 언젠가 남쪽 신학교가 문을 닫게 되어 우리 덕원 신학교로 다들 모여와 공부하고 있을 때 서울 용산신학교에서 온 김철규 대선배가 한번은 이렇게 말한 적이 있다.

"빅토리노, 너는 안젤로하고 꼭 라이벌이 되어야 할 상황인 것 같은데 어떻게 그렇게 친할 수 있지?"

대신학과에 다니고 있던 김철규 선배는 우리 둘 사이를 아주 대견한 듯이 칭찬해주었다.

언제나 공부에 열중하던 김남수에 비해서 나는 그만큼은 덜했다고 생각한다. 나는 겨울날 학교 앞 연못이 얼면 스케이팅을 타는 재미를 놓칠 수 없었다. 김남수보다 휴식 시간을 좀 더 할애한 탓에 3학년부터는 아주 마음 편하게 김남수에게 1등을 내주었다. 우리 둘은 서로 경쟁의식이 있거나 내가 더 낫다 하는 생각 같은 것은 전혀 갖지 않았다. 일찍이 우리가 신학교에서 공부하고 있을 때 김남수 신학생이 나에게 이렇게 말한 적이 있다.

"나중에 우리가 신부가 되어서 어떤 직책을 맡게 되면 네가 장(長)을 맡고 내가 그 밑에서 일하는 건 어떨까? 너는 성격이 아주 신중하기 때문에 장을 맡으면 좋고 나는 밀고 나가는 성격이라 네 밑에서 일하는 게 좋을 거 같아. 우리 둘이 단짝이 되어 일하면 잘 맞지 않겠어?"

그의 말대로인지 몰라도 내가 천주교중앙협의회 담당 주교가 되었을 때 김남수 신부를 사무처 사무국장으로 영입하였고, 나중에 내가 수원교구장직을 떠나게 되었을 때 김남수 신부가 수원교구를 이어서 맡게 되었다.

사실 내가 교장 신부님께 말씀을 듣기 전에 이미 김남수가 나한테 철학과로 같이 월반하자고 권했었다. 그때 나는 이렇게 대답했다.

"나는 그냥 이대로 공부하는 게 나을 거 같아. 너 혼자 올라가."

내가 월반을 머뭇거린 이유에는 나이 문제도 있었다. 월반하게 되면 후에 사제 서품을 받을 때 나이가 모자라 교황청으로부터 관면을 받아야 할 상황이 될 수도 있었다. 적어도 24세가 되어야 사제 신품을 받을 수 있는데 나는 한 살이 모자라게 되어 있었다. 김남수는 나보다 세 살이 더 많았기에 문제가 되지 않았다.

나는 교장 신부님께도 똑같이 대답했다.
"저는 월반하지 않고 이대로 공부를 계속하겠습니다."
그렇게 해서 김남수는 나보다 먼저 학년이 올라갔고 사제 서품도 더 빨리 받게 되었다. 연길교구 소속인 김남수가 서품을 원래보다 더 이르게 받은 데는 연길교구의 사정도 한몫 했다. 당시 연길교구장 테오도르 브레허(Theodorus Breher, 백화동) 주교님이 공산당에게 잡혀 감옥에 갇혔기 때문이다. 브레허 주교님은 감옥에서 김남수에게 헝겊 천에 타이핑한 편지를 보내 하루빨리 북한에서 빠져나가 유학을 가라고 명하셨다. 외국 유학을 가기 위해서는 사제로 나가는 게 더 낫다는 아르눌포 교수 신부님의 조언이 있었는데 그래서 서둘러 사제 서품을 받게 된 것이다. 물론 학과 공부는 마친 상태였다. 1948년 가을 김남수 안젤로는 덕원수도원에서 사우어 주교 아빠스로부터 사제품을 받았다. 그리고 곧장 남쪽으로 내려갔다.

나는 그때 월반을 하지 않았던 것이 내 인생에서 첫 번째 고비를 넘긴 것이었다는 사실을 나중에 알게 되었다. 만약 월반해서 1948년에 사제품을 받았다면 1949년부터 본격화

덕원신학교 신학생 일동 기념사진
(세 번째 줄 좌에서 두 번째가 윤공희 대주교, 세 번째가 김남수 주교,
네 번째 줄 좌에서 여섯 번째가 최명화 신부)

된 공산 정권의 교회 박해 때 다른 신부님들처럼 납치되었을 것이 거의 확실하기 때문이다. 아마 나는 지금 생사를 알 수 없는 윤 신부가 되어 '하느님의 종 홍용호 프란치스코 보르지아 주교와 동료 80위' 명단에 있을지도 모를 일이었다.

　내 삶을 주재하시는 하느님의 오묘하신 섭리를 생각하게 된 첫 번째 순간이었다.

덕원신학교의 학풍

덕원은 당시 다른 신학교와 비교해 볼 때 상당히 자율적인 분위기였다. 베네딕도 수도회가 독일 수도회였으니 독일인 특유의 합리적인 사고방식으로 운영되었기 때문일 수도 있었다. 교수 신부들은 신학생들에게 강제적인 규율을 강요하기보다 학생들 스스로 알아차리고 깨어나가기를 원했다. 이런 분위기를 엿볼 수 있는 몇 가지 사례가 있었다.

담배 허용

신학교에서 담배를 피우는 게 허용된다는 사실은 다른 신학교에서는 놀랄만한 일이었다. 그러나 덕원에서는 주일날 혹은 대축일 같은 특별한 날에는 학생들에게 담배를 나눠주기도 했다.

"야, 네가 들어가! 이번엔 네가 들어가서 교장 신부님한테 담배 타 와!"

신학생들이 복도에서 서로 등을 떠밀어대며 수군대고 있었다. 주일날이면 교장 신부님은 담배를 피우고 싶어 하는 신학생들에게 담배를 일정량 나눠주셨다. 대신학생이 되고 나서는 공식적으로 담배를 얻어서 피울 수 있게 되었다. 이 때 담배를 받아오는 임무를 맡은 학생을 우리는 타바카리우스라고 불렀다. ('타바카리우스'는 타바코 '담배'에다가 라틴어 남성명사의 어미인 '우스(us)'를 붙여서 신학생들이 만든 단어였다.)

교장 신부님이 담뱃갑을 넘겨주시면 신학생들은 한 개비씩 꺼내서 피우다가 남은 것을 돌려드리게 되어있었는데, 학생 중에는 몇 개비 더 챙겨 주머니에 넣어 두었다가 몰래 피우기도 했다. 이런 것을 모를 리 없었지만 교장 신부님은 크게 나무라지 않으셨다.

주일이 되면 교장 신부님의 허락을 받고 우리는 원산 시내로 가서 필요한 일용품을 사 올 수 있었다. 그럴 때면 학생들은 삼삼오오 짝을 지어 걸어서 다녀오곤 하였다. 덕원에서 원산까지는 기차로 한 정거장 되는 길이었으니 걸을 만했다.

어느 계절이건 아름다운 길이었다. 시내 나갔다가 돌아오는 길에 멀리서 수도원이 보이면 마음이 놓였다. 집이라는 생각이 들면서 발걸음이 빨라졌다.

자율적인 학교 분위기 - 경계는 없어

덕원의 학풍이 남쪽의 신학교와 크게 차이가 난다는 사실을 새삼 확인할 수 있는 계기가 있었다. 덕원이 당시 조선 땅에서 유일한 신학교가 되었던 때가 있었는데 학교 정식인가 건이 문제가 되었을 때이다.

베네딕도회가 한국으로 들어오면서 시작한 교육 사업은 1921년 서울 백동신학교가 출발점이었다. 그리고 1920년 베네딕도회가 원산대목구와 연길 쪽 포교권을 위임받아 북한으로 그 터전을 옮겨가면서 1927년 덕원신학교를 열어 1935년에 조선총독부 학무국으로부터 정식인가를 받았다. 학교 인가 신청은 14년이나 늦게 이루어졌는데 그 자세한 이유는 사무착오라고 알려져 있을 뿐이다. 학교 정식인가 건은 매우 중요했는데 그 이유는 1942년 조선총독부가 무인가를 내세워 서울 용산 예수성심신학교와 대구 유스티노신학교를 차례로 폐쇄 조치했기 때문이다. 그래서 공식인가를 받았던 덕원신학교만 존립이 가능했다. 해방될 때까지 3년 정도의 기간, 덕원은 한국에서 유일한 신학교였다. 그때 서울과 대구의 신학생 대부분이 덕원으로 옮겨오면서 1백 명이 넘는 신학생들이 덕원신학교 교정에 다 함께 모여 공부하게 되었다.

어느 날 오전 산책 시간이었다. 아침 식사를 마친 신학생들은 일과대로 아침 산책을 하는 중이었다. 하늘은 맑고 푸르렀다. 바람은 청량하게 불어와 신학생들의 얼굴을 스치고 지나갔다. 신학생들은 몇 명씩 어울려 대화를 나누며 걷고 있었다. 아침 산책 시간이 길지는 않았지만, 신학교에서 수도원을 거쳐서 국도변까지 나갔다가 다시 빙 둘러서 오면 대략 시간이 맞았다.

"우리 어디까지 갔다 올 수 있는 거냐?"

서울에서 온 신학생 중에 한 학생이 물었다.

"무슨 소리냐?"

내가 그 신학생에게 되물었다.

"산책할 수 있는 길이 어디까지인지 정해져 있을 거 아니야?"

나는 처음엔 무슨 말인지 몰라 어리둥절했다가 즉시 알아차리고 대답했다.

"어디까지 가야 한다고 정해진 구역은 없어. 저기 도로변까지 갔다 오면 15분 정도 걸릴 거야. 그쯤에서 돌아오면 산책 시간에 맞게 되니까."

"이상하네. 어디까지 정해놓고 갔다 와야 하는 거 아니야? 경계가 정해져 있지 않다는 말이구나?"

남쪽에서 온 신학생들이 고개를 갸웃거리며 돌아섰다. 신학교가 시내에 있는 서울이나 대구와는 달리 덕원신학교의 주변은 산과 들판으로 둘러싸여 있으니 굳이 경계를 지어놓을 필요가 없었을 것이다.

남쪽에서 온 신학생들은 덕원신학교가 자신들의 학교와 사뭇 분위기가 다르다는 것을 이미 눈치채고 있었다. 자기들에게는 익숙한 규칙인 '실내 침묵'이라는 것이 덕원에는 아예 없었기 때문이다.

서울과 대구의 신학교는 대부분 파리외방전교회 소속의 신부들이 교수진으로 가르치고 있었기 때문에 신학교 분위기는 매우 엄격하고 규율이 심했다. 학교 규칙에는 '실내 침묵'이라는 것이 있어서 학생들은 실내에서 언제나 엄숙하고 조용하게 지내야 했다. 반면 덕원의 신학생들은 수업 시간을 제외하고는 휴식 시간에는 다들 자유롭게 대화를 나누는 명랑한 분위기였다. 남쪽의 신학생들에게는 이게 몹시 신기하게 보였던 것 같다.

남쪽과 덕원의 신학생들은 처음에는 이런저런 학교 분위

기의 차이 때문인지 약간 서먹한 듯했지만 3년 정도 함께 공부하는 사이 하나의 공동체로 섞여들게 되었다.

신학교에서도 내선일체

1938년 초부터 덕원에서는 주교 대례 미사가 집전될 때 중앙 제대 양쪽에 일장기가 걸려 있는 모습을 볼 수 있었다. 이런 모습은 그 시대 어느 곳에서나 보이는 광경이었다.

일제 강점기 동안 덕원신학교에는 일본군 장교들이나 관리들의 모습이 종종 보였다. 그들은 덕원수도원을 방문하는 것을 즐기는 것 같았다. 주교 아빠스는 그들이 방문할 때마다 환대를 베풀었다. 일본군 점령하에 있는 처지로 그들과의 관계를 원만하게 하여 수도원이나 신학교, 무엇보다 선교 사업에 지장을 받지 않으려는 마음이 컸기 때문이었다.

수도원에서도 주일과 국경일이 되면 일본 천황 숭배의식에 참여하라는 지시가 있었다. 미사가 끝나면 수도원 현관에 모여서 일본 국가를 부르고 일본 천황이 있는 방향으로 모두 차렷 자세로 경례를 하는 순서가 있었다. 행사 때마다 특히 한국인 신학생들에게 이런 순서를 강요했다.

1936년 8월에 조선 총독으로 미나지 지로(南次郎)가 부임하면서 일제는 식민지 조선에 대해 민족말살정책을 분명하게 드러내기 시작했다. 1937년 중일전쟁 이후에는 모든 학교 즉, 신학교에서도 매월 6일에는 애국 수업이 실행되었다.

그리고 1938년부터 각 학교 수업 중에는 조선어가 엄격히 금지되었다. 수도회에서도 신부들이 일본어 교육에 신경을 쓰지 않을 수 없었다. 1939년부터 창씨개명을 강요하고 마침내 1940년에는 한글로 된 모든 신문과 잡지를 폐간하기에 이르렀다. 덕원 인쇄소에서도 모든 교리책과 미사 경본이 일본어로만 인쇄되어 나왔다.

일본의 억압이 갈수록 드세어지면서 수도원이나 본당에서도 이를 피할 방도가 없었다. 교리를 가르치기 위해서는 일본어로 말해야 했고 미사 중에 기도와 강론도 일본어로 해야 했다. 하지만 천주교 신부들은 매달 첫째 주일에만 일본어로 하는 시늉을 했고 나머지 주일에는 그냥 한국어로 말했다. 한국어 미사 강론을 진행했으니 가톨릭교회는 일제 전쟁 말기까지 한국어가 공식적으로 사용된 유일한 곳이라고 할 수 있다.

1942년 일제가 태평양 전쟁을 일으키며 한반도에 대한 착취는 더욱 심해졌다. 더 많은 물자와 인력을 동원하기 위하여 그들은 한국인들에게 내선일체, 황국신민화를 강요했다. 군인력 동원체제로 1938년부터 육군 특별지원병 제도를 실시했고, 1942년에는 조선인 징병제를 실시했다. 그리고

1942년부터 이 땅의 젊은이들을 전쟁터로 끌고 갔다. 이때 동원된 한국인은 일본이 패망에 이르기 직전까지 21만 명에 이르는 것으로 추정되고 있다. 그 동원 인력 숫자 안에는 나의 작은형도 있었고 나도 들어갈 뻔했다.

금강산 소풍

1944년 내 나이 스무 살이 되던 해였다. 내게도 징병 검사 통보서가 날아왔다. 그해 일제가 만 스무 살이 되는 한국인을 대상으로 처음으로 징병제를 실시했기 때문이다. 그러나 이미 두 해 전부터 학병 지원제로 전문 대학생들을 끌고 갔다. 말이 지원이었지 실제는 징집이었다. 김수환 추기경과 동갑이었던 작은형도 이때 끌려갔다. 그러나 형은 아파서 의병 제대를 해야 했다.

나는 집으로 날아든 징병 검사 소집장을 받아들고 8월 방학 무렵에 학교 근처에서 징병 검사를 받았다. 같은 시기에 군대에 끌려가게 된 동기들이 학교에 모였다. 다들 마음이 뒤숭숭했다. 얼마 안 있으면 생사를 기약할 수 없는 전쟁터로 끌려갈 운명이 아닌가. 군대 가기 전에 무슨 추억에 남을 만한 일을 하자는 데 의견이 모였다. 이런저런 이야기 끝에 좋은 생각이 났다.

"우리 다 같이 금강산 구경을 한번 다녀오는 거 어때?"

"그거 좋겠다! 한번 가자!"

"그런데 가만, 우리 기차표 살 돈이 있어? 무슨 돈으로 살 거야?"

"가만있어 봐, 좀 생각해 보자!"

우리의 머리에 떠오른 생각은 독일식으로 제조된 덕원수도원 포도주를 기차표와 맞바꾸자는 것이었다.

"좋은 생각이야! 일단 주방 수사님께 한번 부탁해 보자!"

우리 중 몇 명이 주방 수사에게 가서 사정을 설명하고 와인을 두 병 얻어 왔다. 그 포도주 두 병을 들고 덕원역으로 가서 일본인인 기차 역장의 관사 문을 두드렸다. 우리는 포도주를 내밀고 말했다.

"우리가 모두 징병 검사를 받고 군대에 가게 되었습니다. 가기 전에 금강산을 한번 구경하고 싶은데 저희가 모두 학생이라서 기차표 살 돈이 없습니다. 좀 도와주시겠습니까? 우리는 모두 11명입니다만 …"

사실 그 당시 기차표를 사는 것은 누구에게나 어려운 일이었다.

기차 역장이 호탕하게 웃으면서 말했다.

"아, 그렇소? 내가 알겠소!"

징병검사 후 금강산에서
(위에서 둘째 줄 오른쪽 끝, 1944년)

다음날 덕원역으로 가니 역장이 금강산으로 가는 기차표 11장을 우리 앞에 내밀었다.

당시 여행객들은 어디를 가든 자기가 먹을 양식을 준비해 가야 했다. 전부 배급제이던 시절이니 그렇게 해야 했다. 충분한 양은 아니었지만 저마다 준비해온 쌀을 여관 주인에게 주면 밥을 지어주었다. 금강산 여행에서 우리는 막걸리 맛도 볼 수 있었다. 비로봉을 올라갈 즈음 너무 가팔라서 힘들고 허기가 져서 쉬어 가는데 조양폭이라는 휴게소에서 막걸리를 팔고 있었다. 나는 막걸리가 술이라고 해서 조심스레 홀짝홀짝 한 모금씩 마시고 있었는데 남쪽에서 온 학생이 한 사발을 그냥 쭉 들이키는 것이었다.

"아니, 그거 그렇게 마셔도 되냐?"

"그럼! 막걸리는 이렇게 마시는 거야! 한번 마셔봐! 기운도 나고 배도 불러!"

친구들도 저마다 한 사발씩 들이켰다. 나도 한 잔을 마셔보았다. 우윳빛의 그 음료는 몹시 시원하고 달았다. 마시고 나니 기운이 막 솟아나는 것 같아 한달음에 비로봉을 올랐다가 내려올 수 있었다.

친구들과 며칠간 금강산 구경을 실컷 하고 집으로 돌아와서 영장을 기다리고 있었다. 얼마 뒤에 날아온 영장을 받아 들고 보니 나는 제1을종이었다. 갑종부터 징집이 시작되었기 때문에 나는 좀 더 기다려야 했다. 내 차례가 언제일지 마음을 졸이며 기다리고 있는데 그사이 전쟁이 끝났다. 일본이 패망하고 우리 민족이 해방되었으니 군대에 끌려갈 일이 없게 되었다.

전쟁이 끝나고 나니 갑종을 받아서 나보다 먼저 군대에 끌려갔던 최명화와 장대익이 신학교로 돌아왔다. 무사히 건강한 모습으로 돌아와 정말 다행이었다. 예비 신학교 동기 장대익은 동성소신학교를 마치고 1943년에 덕원으로 와서 대신학교 과정을 밟고 있었는데 그사이 징집되어 전쟁에 나갔다가 돌아온 것이었다.

3장
나의 가족, 해방을 맞은 우리

부모님

아버지는 진남포본당 회장직을 26년이나 맡아 언제나 성실하게 일하신 분으로 무엇보다 성당 일이 우선이신 분이었다. 경제적인 면에서는 그다지 밝지 않아 집안 살림은 어머니가 도맡아서 하셨다. 아버지는 특히 아들이 사제가 되는 길에서 어긋나지 않도록 잘 보살피는 데 마음을 쓰셨다.

 내가 대신학교 다닐 무렵이었다. 방학 때 집에 오면 집안 형편이 점점 더 어려워지는 게 눈에 보였다. 나 혼자만 신학교에서 편하게 지내는 게 아닌가 하는 마음이 들 정도였다. 신학교를 나와서 집안에 도움이 되는 일을 찾아야 하지 않을까 하는 생각이 들었다. 깊이 고민한 후 아버지께 말씀드렸다.

 "아버지, 저도 집안에 보탬이 되는 길을 찾아야 할 것 같습니다."

"그게 무슨 말이냐?"

"지금 집안 형편이 이렇게 어려운데 제가 신학교에서 공부만 하고 있을 수 없다는 생각이 듭니다."

"그럼, 신학교를 나오겠다는 말이냐? 집안이 어렵다고 신학교 그만두고 나온다는 게 말이 되느냐? 네가 할 일은 좋은 사제가 되는 공부를 하는 것이다. 네 형도 집안 걱정하다가 결국 그만두고 나오지 않았니? 절대 그런 생각하지 말거라!"

큰형은 용산신학교에 다니다가 장남으로서 어려운 집안을 챙겨야겠다는 생각에서 신학교를 나왔다. 아버지는 맏아들인 큰형에게는 엄했지만 다른 자식들에게는 비교적 자애로운 편이셨다.

어머니는 아버지와는 성품이 좀 다르셨다. 어머니는 성격이 과묵한 편으로 자식들에게 살뜰한 마음을 내비치는 분이 아니었다. 신학교에 들어간 아들이 방학을 마치고 학교로 돌아갈 때도 역까지 배웅하는 일은 거의 없었다. 집에서 몇 걸음 나와서 잘 가라는 인사를 하고 금방 사라지는 어머니가 그때는 야속하게 느껴지기도 했다. 하지만 훗날 사제가 될 아들에게 정을 떼려고 하신 모정을 뒤늦게 깨달을 수 있었다. 어머니는 불쌍한 이들에 대한 동정심은 남다른 분이셨다. 굶고 있는 걸인들을 보면 그냥 넘기지 못하시고 집 안으로 들어오게 하여 찬밥 남은 것이 없으면 따뜻한 밥을 지어서라도 대접하곤 하셨다. 어릴 때 나는 그런 사람들을 왜 굳이 부엌으로까지 들어오게 하는가 싶었지만 어머니의 그런 모습에서 감명을 받곤 하였다.

어머니가 운영하시는 시장 안 작은 잡화점에는 살림살이에 필요한 온갖 자잘한 물건들이 가득 쌓여 있었다. 옥도정기나 금계랍(말라리아 치료약인 키니네) 같은 간단한 약품도 있었다. 어머니는 비교적 가게 운영을 잘하시는 편이었다. 다들 가난하게 살던 시절이었지만 어머니가 잡화점을 운영하시고 아버지는 유급으로 본당 회장 일을 하고 계실 때가 우리 집 형편이 좋았던 때였다.

진남포본당은 일제에 의해 메리놀회가 추방되면서부터 사정이 어려워지기 시작했다. 스위니 신부가 진남포성당을 떠난 후 양기섭 신부가 주임신부로 부임했다. 메리놀회 지원으로 운영되던 양로원이 가장 먼저 타격을 입게 되었다. 양 신부의 노력으로 양로원은 운영을 계속하게 되었는데 새로 부임한 양 신부는 시내에 소화병원을 신설하는 등 애를 썼지만, 본당 운영을 소홀히 하는 바람에 교우들 간에 불평이 좀 있었다. 양 신부는 본당 회장의 역할에 대해서도 그다지 관심이 없어 양 신부 재임 4년 동안 아버지는 그다지 활동적이지 못했다. 전쟁이 오래가면서 본당 사정은 더욱 어려워졌고 결국 아버지는 회장직에서 물러나시게 되었다.

해방되기 전 양기섭 신부가 재임하고 있던 언젠가 일이다. 일제의 높은 관리가 진남포본당 내의 복지 시설을 시찰하러 온다고 하는 날이었다. 아침부터 신자들이 성당 곳곳을 청소하는 등 손님맞이 준비에 바빴다. 그때 나는 소신학교 중등과 신학생으로서 본당에서 일을 돕고 있었다. 장관을 맞으려고 연미복을 차려입은 양 신부는 내게 이렇게 말했다.

"빅토리노, 어디 가지 말고 자리 잘 지키고 있어야 한다. 손님들에게 너는 여기 고아원 출신으로 중학교 다닌다고 말할 테니 그리 알고 있어!"

고아 출신이라는 말도 그렇고, 사실과 다른 말에 나는 별로 기분이 좋지 않았다. 슬그머니 빠져나가 일본 시찰단이 올 때 자리에 없었다. 나중에 신부님의 꾸중을 각오하고 있었지만 아무 일도 없이 지나갔던 일이 기억난다.

큰형 건희 모세 형님

큰형님 윤건희 모세가 서울 용산 예수성심신학교에 다닐 때 장금구 신학생이 형님과 동기였다. 바로 위 학년에는 노기남 신학생이 다니고 있었다. 그때 장면 박사가 평신도 교사로서 가르치고 있었다. 형은 열심히 공부하며 사제의 꿈을 키우고 있었는데 언제부터인가 어려운 집안 형편이 자꾸 걱정되면서 점점 바깥일에 신경이 쓰였다고 했다. 결국 신학교를 나가야겠다는 생각이 들더니 그 생각이 사라지지 않더라고 나중에 내게 고백하였다.

큰형님은 신학교를 나와 의사 공부를 시작하였다. 당시 의사는 의대 진학 말고도 총독부에서 시행하는 의사 검정고시를 통해 의사 면허를 얻을 수 있었다. 형님은 시험 합격 후 평양으로 돌아와 평양 시내 기림리에 있는 병원에서 근무하고 있었는데 그때 훗날 이기헌 베드로 주교가 될 아기를 치료한 적이 있었다.

내가 방학이라 집에 와 있을 때였는데 어머니가 저녁 밥상에서 하시던 말씀이 기억난다.

"오늘 네 형님 병원에 베드로가 아파서 왔다는구나. 폐렴인가 그게 걸렸다더라. 어린아이가 아파서 딱하지 … 빨리 나아야 할 텐데 걱정이구나."

이기헌 주교의 부모님과 우리 어머니는 잘 알고 지내던 사이였다.

이기헌 주교의 부친도 덕원신학교에 다니던 신학생이었

다. 내가 소신학교 입학할 무렵 이기헌 주교의 부친은 철학과 대신학생이었는데 중간에 신학교 공부를 그만두었다. 이기헌 주교의 부친은 학교 시절 농구와 축구 등 체육 실력이 아주 좋았는데 그분을 기억하는 신부님들이 나중에 아들 이기헌이 신학생일 때 운동장에서 뛰는 모습을 보고, '너는 네 아버지에 비해 운동 실력이 못하구나.' 하고 웃으며 놀려 대었다고 한다.

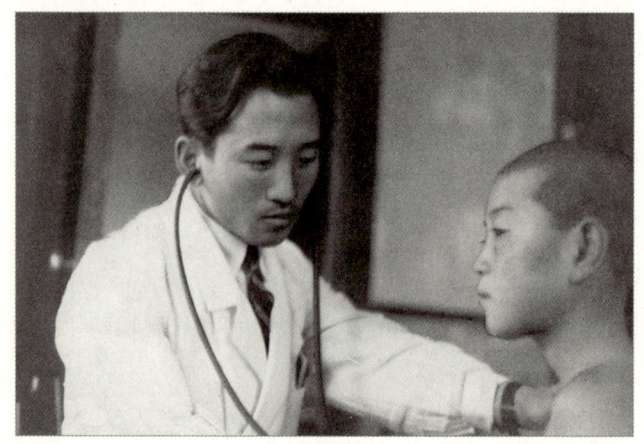

윤건희 모세

신기하게도 이기헌 주교의 어머니도 '영원한 도움의 성모회'에 입회하였다가 청원자 시절 폐병으로 나와야 했던 이력이 있는 분이었다. 신부가 될 뻔한 아버지와 수녀가 되려던 어머니 슬하에서 아들이 태어나 신부가 되었고 주교품에 이르게 되었다. 이기헌 주교의 삼촌은 이재호 신부로 끝까지 양들을 지킨 목자로 살다 가신 분이다. 평양 대신리 출신인 이기헌 주교는 네 살 나던 때 온 가족이 6·25 피난민 대열에 끼어 월남하였다.

당시엔 신학교에 들어갔다가 나오는 경우가 많았다. 가정 형편 때문이기도 하고 병이나 다른 개인 신상의 문제 때문이기도 했다. 김남수 주교의 경우 홀로 계신 어머니 걱정에 두 번이나 휴학했다가 다시 들어왔고, 지학순 주교의 경우도 폐결핵으로 학교를 쉬어야 했다. 그리고 일제 징병으로 끌려가야 했던 경우는 개인의 문제는 아니었지만 사제의 길을 가던 신학생들에게 닥친 큰 시련이었다.

하지만 신학교를 중간에 그만둔 이들에게는 그들의 몫까지 대신하는 형제나 후손들이 있었다. 이기헌 주교의 삼촌 이재호 알렉시오 신부는 사제의 길을 끝까지 지켜낸 훌륭한 신부였다. 이재호 신부는 동성소신학교를 마치고 대신학교는 덕원에서 공부하고 1946년 3월에 평양 관후리본당에서 홍용호 주교로부터 사제 서품을 받았다. 공산당의 박해에도 굴하지 않고 기림리본당과 신자들을 지키다가 1949년 12월 7일 공산당에 끌려갔다.

덕원 신학생 중에는 집안 형제나 삼촌 조카 간에 나란히 신학교에 들어가는 경우가 드물지 않았다. 구대준 신부와 구상 시인의 경우도 두 형제가 신학교를 다녔다. 구상 시인은 나와 덕원신학교 입학 동기로 소신학교에서 3년간 공부하다가 그만두고 나가서 훗날 훌륭한 시인이 되었다. 구상 시인의 형님인 구대준 가브리엘 신부는 1940년 3월 25일 보니파시오 사우어 주교 아빠스로부터 사제로 서품되었다. 구 가브리엘 신부는 서울 백동 시절부터 신학교 공부를 시작하여 덕원에서 공부를 마치고 함흥교구 소속 사제가 되었다. 구 신부님은 서품 후 바로 덕원신학교 기숙사 사감을 맡았는데 한국인 사감은 처음이었다. 그때 나도 구 신부님의 감독을 받으며 기숙사에서 지냈다. 구 신부님은 회령본당을 맡고 있던 중 1949년 5월 11일 원산본당 한국인 수녀들의 피정을 지도하러 갔다가 공산당에 끌려갔다. 장선홍 신부와 나의 동기 장대익 신부는 삼촌 조카 사이로 함께 신학교에 다녔다. 장선홍 신부는 우리보다 아홉 살 위였지만 건강이 좋지 않아 중간에 쉬는 바람에 학년이 우리와 같아졌다. 그분도 월남하여 1950년 3월에 나와 함께 사제 서품을 받았다. 장대익 신부의 조카도 사제가 되었는데 바로 서울교구의 장긍선 신부다. 그리고 평양교구의 홍건환(항) 갈리스도 신부와 홍도근 세례자 요한 신부도 삼촌과 조카 사이다. 두 분은 나란히 동성소신학교를 거쳐 덕원신학교에서 공부를 마치고 1940년 평양 관후리 본당에서 윌리엄 오세아(William O'shea, 오) 주교로부터 사제 서품을 받았다. 그리고 1949년 12월 같은 날 각각 공산당에 끌려갔다. 이 집안에서 60년 후에 사제가 나왔는데 외증손자 김성현 안토니오 신부(의정부교구, 2001년 서품)다.

작은형 곤희 형님과 동생 봉희

나는 눈물이 별로 없는 편이다. 살면서 눈물을 흘린 일이 거의 없었던 것 같다. 그러나 작은형을 생각하면 눈물이 난다. 나와 두 살 터울의 작은형은 키도 큰데다가 성격도 아주 활달했다. 소극적이고 내성적인 나와는 많이 달랐다. 어릴 때 아버지에게 꾸지람을 듣거나 매를 맞게 되더라도 전혀 기죽지 않았다. 나는 얌전히 종아리를 걷고 서 있었지만 둘째 형은 그런 나에게 소리쳤다.

"야, 뛰라! 뛰라고! 그냥 맞지 말고 뛰라니까" 하며 소리 질렀다.

아버지는 그런 형을 나무라지 않으셨다. 그때 나는 아버지께 매를 몇 대 맞긴 했지만 하나도 아프지 않았다. 그런 형이 옆에 있어서 참 든든했다. 그 좋은 작은형이 학병으로 징집되어 포병으로 있다가 폐결핵에 걸려 의병 제대를 하고 돌아왔을 때는 정말 가슴이 아팠다. 작은형은 몇 년간 누워만 있었다. 큰형이 의사로 일하고 있었지만 동생을 살리지 못했다. 그때는 페니실린과 같은 좋은 약이 나오기 전이었다. 당시에는 폐병에 걸리면 대개 다시 회복하지 못하고 세상을 뜨는 경우가 많았다. 방학 때마다 집에 와서 아픈 형님을 보는 게 너무 마음이 아팠다. 어느 날 학기 중에 학교로 형님이 죽었다는 소식이 왔다. 그때 정말 혼자서 많이 울었다.

내 바로 아래 남동생 봉희는 어릴 적부터 몸이 몹시 약했다. 나와는 다섯 살 차이가 났는데 형제 중에서는 둘째 형이 항상 봉희를 가장 잘 돌봐주었다. 또래들보다 체구도 작고 성격도 조용한 봉희를 두고 어머니는 봉희가 수도원에 가서 수사가 되어 살면 좋겠다고 말씀하셨다. 그래서 실제로 봉희가 초등학교 졸업할 무렵 신학교 방학을 맞아 집으로 온 내가 봉희를 데리고 덕원수도원으로 갔다. 수도원에 들어가기 전날 밤은 신학교 내 침대에서 재웠는데 봉희가 밤중에 일어나 훌쩍훌쩍 울었다. '내가 있으니 걱정하지 마, 형이 바로 옆에 있잖아.' 하면서 봉희를 다독거려주었다. 봉희는 수도원에 입회하여 수사 학생으로 잘 지냈다. 주일날 대미사를 마치고 나오면서 서로 얼굴을 볼 수 있었다. 그렇게 지내다가 1949년 덕원수도원과 신학교가 폐쇄되어 다 같이 쫓겨날 때 봉희도 나와 함께 있었다. 덕원에서 같이 기차를 타고 평양에서 내려 진남포 집으로 돌아왔다. 진남포로 돌아와 잘 지냈는데 봉희도 작은형처럼 그만 폐결핵에 걸리고 말았다. 앓고 있다가 내가 남한으로 내려오기 전에 하느님 곁으로 갔다. 봉희를 생각하면 늘 가련한 느낌이 들었다. 덕원수도원에서 어엿한 수사가 되어 잘 살아갔으면 얼마나 좋았을까, 그런 생각을 가끔 할 때가 있었다. 그러나 허약한 몸에다가 공산 정권이 들어선 거친 세상을 견디지 못하고 내 동생 봉희는 짧은 생을 마감해야 했다.

누이동생 요안나

우리 다섯 형제 중에 딸은 막내 요안나뿐이다. 요안나는 큰형님과 나이 차이가 스물두 살이나 나고 나와는 열 살 차이가 나는 어린 여동생이었다. 큰형님이 결혼하여 첫 딸을 낳았는데 내 동생 요안나와 나이가 같았다. 그래서인지 여동생을 생각하면 늘 애처로운 마음이다.

　큰형님이 진남포에서 병원을 개원하여 형님 가족이 우리와 한집에서 함께 살고 있을 때였다. 어린 요안나와 조카가 동갑으로 함께 커가고 있으니 아무래도 비교가 되었다. 큰형수가 두 여자아이를 키우게 되었는데 친딸과 시누이인 요안나를 똑같이 키우기가 아무래도 쉽지 않았을 것이다. 아이 둘이 다투기도 할 때가 있었는데 내가 보기에도 형수의 판단이 공평치 않다는 느낌이 들 때가 있었다. 그렇게 되면 요안나가 더 안쓰럽게 생각되곤 했다.

큰형님이 신의주로 옮겨가 신의주본당 성모병원에 재직하고 있을 때였는데 큰형수가 가끔 조카를 데리고 집으로 올 때가 있었다. 오랜만에 손주 딸을 본 할머니로서 잘해주고 싶은 마음에 어머니가 원피스를 한번 사 입혔는데 요안나가 그게 몹시 부러웠던 모양이다. 여덟 살 무렵이었으니 어린 꼬마 마음에 그랬을 것이다. 물방울무늬가 있는 옷이었는데 요안나가 자기도 그런 원피스를 사달라고 울면서 졸라댔다. 어머니가 할 수 없이 시장에서 비슷한 옷을 급히 사 오셨다. 내가 보기에도 조카한테 사준 옷만큼 예쁜 옷이 아니었다. 시무룩해 하던 어린 요안나의 표정이 떠오른다.

나중에 요안나가 자라서 고등학생이 되었을 때는 평양에 살던 큰형이 데려다가 학교를 보냈다. 큰형님은 당시 평양 적십자병원의 의무원장으로 일하고 있었다. 38선으로 남북이 갈라지면서 우리 가족은 대부분 그대로 고향에 남아있었다. 건희 형님과 나만 남쪽으로 내려왔다. 두고 온 가족을 생각하는 것은 너무 가슴 아픈 일이다. 이산가족이면 누구나 겪을 수밖에 없는 고통이다.

　요안나의 소식을 듣게 된 것은 헤어진 후 20년 지나서였다. 미국 LA에 사는 친척 형님이 미국 영주권자로 북한을 방문하여 친척들을 만나보았다고 소식을 전해주었다. 그분이 건희 형님의 외손주 되는 이들을 만났는데 외할아버지께 보내는 편지를 받아서 서울로 보내온 것이다. 그 편지의 수신인은 원래 건희 형님이었지만 당시 이미 작고하셨기 때문에 내가 받게 되었다.
　편지에는 일제 카메라를 사서 보내주면 좋겠다고 하는 내용이 있었다. 당시로서는 처음으로 북한 당국이 남한에 있는 친척에게 연락해서 필요한 물건을 받게 했는데 남한 정부에서도 이를 허용하고 있었다. 편지에는 물건을 사서 보내는 방법까지 상세히 적혀있었다. 일본 삿포로 항구에 가면 북한을 왕래하는 배가 있다고 하기도 하고, 베이징에서 매주 평양을 오가는 기차에 아는 사람이 역무원으로 일하고 있으니 그 인편으로 물건을 보내 달라고도 했다.
　나중에는 컴퓨터도 사서 보내라고 했다. 미국의 친척 형은 조심하라고 충고해 주었다. 그 물건들이 필요해서라기보다 당에서 시키는 대로 하는 것으로 보인다고 했다. 원하는 대로 모두 해주기란 어려운 일이었다. 하지만 북한에 사는 형님의 두 딸과 손자들의 안부를 알게 된 것은 기쁜 소식이었다. 그때 요안나의 안부를 물었더니 그쪽에서 대답이 오기를 강계에서 잘살고 있다는 간단한 내용뿐이었다. 내 동생이 강계에는 어떤 연유로 가서 살고 있는지는 짐작하기 어려운 일이었다. 그러다가 연락이 끊어져 오늘까지 이어지지 않고 있다.

북한에 두고 온 가족들의 안부가 몹시 궁금하고 한 번이라도 만나보고 싶지만, 쉽사리 드러내 놓을 일은 아니라고 나는 늘 생각했다. 내가 남쪽에서 나의 신분을 밝히고 북쪽의 가족이나 친척들을 찾으려고 한다면 그들의 안위가 어떻게 될까 걱정되었기 때문이다. 그 점이 늘 조심스러웠다.

1985년 당시 남북 이산가족찾기운동이 시작되면서 북한으로 가는 첫 번째 방문단이 꾸려질 때 중앙정보부에서 연락이 왔다.

"지학순 주교님이 이번에 평양에 가시는데 윤 주교님도 원하시면 대상이 됩니다. 가시겠습니까?"

나는 곰곰이 생각했다. 지금 내 가족들이 살아있다면 천주교 신자라는 사실을 감추고 살지도 모르는데 내가 가면 그들이 즉시 노출이 될 거 아닌가, 그런 생각에 마음이 놓이지 않아 선뜻 나설 수가 없었다. 그래서 매우 아쉬웠지만 나는 사양했다. 당시 그 방문단에 들기 위한 조건이 여간 까다로운 게 아니었다. 사상이 확실한 사람, 살기에 형편이 괜찮은 사람들을 추려서 명단을 작성했다고 들었다.

그때 지학순 주교는 북한을 방문해서 누이동생을 만났는데, 그 누이의 첫마디가 지 주교를 놀라게 했다. '오빠는 여기가 천국인데 왜 하늘나라를 찾느냐?'라고 했단다. 그렇게 신실한 믿음을 가졌던 여동생이 완전히 변했다면서 지 주교는 큰 충격을 받았다고 슬퍼했다.

그 이후 나는 북한 방문 기회를 기다렸지만 그리 여의치 않았다.

해방을 맞다

1945년 5월부터 덕원수도원 내에서 일본 군대의 모습이 보였다. 일본군은 신학교를 징발하여 건물 곳곳을 병영으로 사용하고 있었다. 일본군에게 기숙사를 내주게 된 신학생들은 덕원본당이나 인근 마을에 있는 작은 주일학교, 수도원 구내에 새로 짓고 있는 아직도 완공되지 않은 공장 건물에 흩어져 지내야 했다. 그때 운동장에서 간혹 마주치는 일본 군인들의 지친 얼굴에는 패색이 짙어 보였다. 그들에게 중국 쪽에서 왔느냐고 물었더니 '더운 지역에서 왔다'라고만 작은 소리로 대답했다.

1945년 8월 15일 성모승천 대축일 날, 여름방학이었으니 나는 진남포 집에 와 있었다. 철학과 2학년이었던 때다.

대축일 미사에 참례하기 위한 교우들로 아침부터 성당은 붐비고 있었다. 누군가 '오늘 낮에 특별 방송이 있을 것이다.'라고 귀띔해주었다. 성가대에서 성가 연습하는 소리가 들려왔고 사람들의 웃음소리도 크게 들렸다. 뭔가 좋은 일이 있을 것 같았다.

이날 일본군 장교들은 정오에 중요한 뉴스를 들어야 한다며 서둘러 모든 모임에서 자리를 떴다고 했다. 그날 사람들은 처음으로 일본 천황의 목소리를 들을 수 있었다. 천황은 무조건 항복을 선언했다.

사람들이 만세를 부르며 환호를 올렸다.

"해방이다! 우리가 독립이 되었다!"

"대한민국 만세!"

성당에 모여 있던 교우들은 기뻐서 서로 얼싸안았다.

곁에 있던 초등학교 6학년생인 어린 조카가 내게 독립이 무슨 말이냐고 물었다.

"이제 일제가 물러나고 우리나라를 다시 찾았다는 말이지!"

"일본이 우리나라 아니야?"

조카는 알 수 없다는 표정으로 계속 물어댔다.

"지금 네가 쓰는 말이 어느 나라 말이야?"

나는 조카에게 설명을 해주었다.

"응, 조선말이지!"

"그것 봐! 우리나라가 조선이니까 우리가 조선말을 쓰는 거야. 그동안 일본에 우리나라를 빼앗겼던 거야!"

"조선이 우리나라구나!"

조카는 조선 독립이란 좋은 것이구나 하면서 고개를 끄덕였다.

일제의 식민지로 살아야 하는 게 우리의 운명일지도 모른다고 생각한 사람도 있었다. 조국의 해방에 대한 희망을 포기하는 사람도 있었다. 그런데 어느 날 정말 도둑처럼 조국 해방이 찾아온 것이다. 그날 해방의 기쁨을 알려줄 종소리를 들은 기억이 없다. 교회 종탑에 달린 종이 없었기 때문이다. 일제가 전쟁 물자에 필요한 고철과 금속물품으로 사용하기 위해 교회 종탑의 종들을 모조리 뜯어간 게 오래전이었다. 독일의 나치가 전쟁 무기를 만들기 위해 수도원과 마을 성당의 종들을 몰수해간 것과 마찬가지였다. 다행히 덕원수도원의 종은 그때까지 살아남아 해방의 기쁨을 수도원 하늘 높이 울려 퍼지게 하였다. 그러나 그 종소리 또한 그리 오래가지 못했다.

해방의 기쁨은 정말 잠시였다. 북한 지역이 소련군의 점령하에 들어가면서 새로운 체제가 들어섰다.

해방 후의 평양

신학교는 9월 개학이었지만 1945년 해방을 맞이하고 우리 신학생들은 두 달째 학교로 돌아갈 수가 없었다. 마침내 학교로 오라는 연락을 받았지만, 그때까지도 덕원으로 가는 기차 운행이 제대로 되지 않고 있었다. 우리는 다른 방법을 찾아내야 했는데 평양에 사는 신학생이 원산으로 가는 군수물자 운반 트럭을 타고 갈 수 있다고 알려왔다. 쌀가마니를 잔뜩 실은 트럭 위에 신학생 10여 명이 올라탔다. 트럭은 양덕 온천에서 밤을 새우게 되어 덕분에 우리는 생각지도 못한 온천 목욕을 즐길 수 있었다. 다음 날 아침 다시 트럭을 타고 마식령 고개를 넘어 덕원 근처에서 내린 다음 걸어서 학교로 돌아왔다. 10월이 거의 다 되어갈 무렵이었다.

해방을 맞아 좋기만 할 줄 알았지만, 현실은 너무나 달랐다. 신학교 운동장에는 뜻밖에도 소련군이 들어와 있었다. 얼마 전까지 일본군 부대가 진을 치고 있던 그 자리였다. 소련군이 신학교에 들락거리면서 사정이 그전보다 결코 낫다고 할 수 없었다. 오히려 더 나빠졌다는 말이 맞았다. 신학생들은 전쟁 때와 마찬가지로 들판에 나가 가을 추수하는 일을 거드는 데 시간을 할애해야 했다.

나는 신학교로 돌아오기 직전에 한 사건을 목격했다. 10월 하순 무렵 집에서 개학 날을 기다리던 중이었는데 신학생들은 평양교구 주교관으로 모이라는 전갈이 왔다. 나는 얼른 주교관으로 달려가 먼저 와 있던 지학순과 함께 다른 신학생들이 오기를 기다렸다. 그때 공산당의 잔혹한 행위를 처음으로 목격하게 되었다. 바로 강창희 야고보 회장의 피살 사건이었다.

그날 새벽 4시 즈음 전화가 와서 평양 시내 양촌 근처에서 시체가 발견되었는데 교회에서 일하는 사람 같으니 시신을 가져가라고 했다. 이른 아침, 아직 사제 서품 전이었던 조문국 부제와 지학순과 내가 달려가 보니 강창희 회장이 총을 맞고 쓰러진 채 숨져 있었다. 강 회장은 홍용호 주교의 비서로 교구 재단 일을 맡고 있던 이였다. 누가 그에게 총을 겨누었는지 범인을 잡을 수 없었다. 소련 공산당의 소행임이 틀림없었다. 당시 평양교구는 관후리성당 반환 문제를 놓고 평양시 인민위원회와 다투고 있었는데 강 회장은 김필현 부감목을 도와 그 일을 담당하고 있었다. 공산당은 천주교회가 더 이상 나서지 말라는 경고로 강창희 회장을 본보기 삼아 살해한 것이었다. 하지만 북한 공산당은 관후리성당을 돌려받고자 하는 평양교구 홍 주교 이하 전 신자들의 의지를 결코 꺾지 못했다.

관후리성당 재건

해방되자마자 평양교구가 가장 먼저 한 일이 관후리성당 터를 되찾아 오는 일이었다. 평양교구 홍용호 주교는 이 일을 부감목 김필현 신부에게 맡겼다. 그는 관후리본당 주임신부였다. 김필현 신부는 평양시 인민위원회를 찾아가 일본군에게 징발되었던 성전 터를 되찾고자 하는 의견을 표했다. 그러나 그들은 이미 인민들에게 귀속된 재산이라며 돌려줄 수 없다고 했다. 인민위원장은 이렇게 말했다.

"이제 조선이 해방되고 독립을 하게 되었으니 천주교회도 인민위원회 일에 협력해야 할 것이 아니겠소?!"

이에 김필현 신부는 바로 대답했다.

"바로 그 말입니다. 이제 우리나라가 해방되었으니 일본 군대에 빼앗겼던 재산을 되찾으려는 것이 당연한 일 아닙니까?"

공산주의자들은 평양 시내 중심지에 있는 관후리성당 터를 내줄 생각이 전혀 없었다. 그러나 아직은 소련군이 진주해 있을 무렵이라 홍 주교가 당시 평안남도 인민정치위원회 위원장인 조만식 선생을 만나서 애를 쓴 결과 마침내 성전 터를 되돌려 받을 수 있었다. 홍 주교는 평양교구 전 신자들과 함께 그 자리에 다시 성전을 건립하기로 뜻을 모았다. 휑하니

관후리성당 신축 현장의 홍 주교와 부감목 김필현 신부(1949년)

비어 있는 터에 그전보다 훨씬 더 큰 성전을 지어 올리기로 한 것이다. 관후리 새 성전 짓기는 평양교구 신자들만의 일이 아니었다. 해방의 기쁨으로 환호하고 있던 평안도의 일반 시민들도 천주교 신자들이 열성으로 성당 재건 사업에 발 벗고 나선 것에 감탄하여 자기들도 성당 건축에 참여하게 해달라고 나섰다. 실제로 찾아와서 노동력을 제공하는가 하면 쌀을 기부하기도 하였다. 관후리 성전 재건 사업은 참으로 평안도민 모두의 마음이 한데 모인 대역사였다고 할 만 했다.

대성전 건립을 책임 맡은 김필현 부감목은 공사의 시작 날을 성모설지전(聖母雪地殿) 축일로 잡았다. 옛날 로마 귀족의 꿈에 성모님이 나타나 8월 5일 아침에 눈이 내리는 곳에 성당을 지으면 소원을 이룰 것이라고 말씀해 주셨는데 그 귀족이 8월 그날에 눈이 내린 곳에 성당을 지어 성모님께 봉헌했다는 이야기가 있다. 1946년 8월 5일 축일에 맞춰 관후리 성전 건립의 첫 삽을 뜨면서 김필현 부감목은 이렇게 말했다.
"지금 우리 눈에 눈(雪)은 보이지 않지만 바로 그와 같은 기적이 이 땅 위에 반드시 일어날 것입니다."
'눈(雪)의 기적'처럼 관후리 성전 공사는 그 자체가 하느님의 기적이라는 말이었다.
그 기적을 이루기 위해 평양교구 신자들은 '우리 성전은 우리 손으로!'라는 슬로건을 내걸고 성전 건립 모금 운동에 나섰다. 그해 평양 전역의 세례자가 1천 명이 넘었는데 신자들은 너도나도 정성을 모았다. 외교인들도 성전 건립 운동에 감동하였다면서 성전 건립에 보태라며 큰돈을 내놓기도 했다.

교우들은 물질적인 후원뿐만 아니라 공사 일을 직접 거들기 위해서도 나섰다. 땅을 파고 자갈을 옮기고 벽돌을 지어 나르는 일을 하겠다고 먼 데서도 모여들었다. 자신들이 먹을 쌀과 이불 보따리를 챙겨서 평양으로 와서 며칠씩 일을 하고 돌아갔다. 수녀들도 나섰고 신학생들도 방학이 되면 와서 일을 도왔다. 교우들의 열성은 대단하여 서울의 명동성당보다 더 크게 짓겠다고 했는데 실제로 성당 터를 더 크게 잡았다.

1년간 공들인 성당 공사는 상당한 진척을 이루었다. 지하층을 완성하고 1층을 올려 짓고 지붕 공사도 거의 다 되었고 내부 공사와 종각이 남아있었다. 지하층에서는 미사도 올릴 수 있게 되었다. 하지만 관후리성당 공사는 공산당의 방해와 압력으로 더 이상 진행하기 어려워져 결국 중단되고 말았다.

우리 신학생은 우리 손으로

홍 주교는 성전 건립을 더 이상 추진하는 것은 무리라는 판단을 내렸다. 더구나 성전 건립보다 더 중요한 일이 있다고 생각했기 때문이었다. 공산당의 박해가 점점 분명해지는 상황에서 교회는 곧 다가올 위험에 대처해야 했다. 교회의 장래를 위한 일, 즉 사제를 키워내는 일이 먼저였다. '우리 성전은 우리 손으로'라는 슬로건이 '우리 신학생은 우리 힘으로 키운다.'로 바뀌었다.

한 명의 사제를 키워내기 위해서는 많은 이의 기도와 노력이 보태져야 한다. 교구 입장에서 신학생 양성비는 무엇보다 현실적인 문제이기도 했다. 메리놀회가 추방되면서 지원을 받는 문제는 더욱 어려웠다. 홍 주교는 평양교구 전역에 걸쳐 신학생 양성비 모금 운동을 전개했다. 부감목 김필현 신부와 각 본당 회장단들이 여러 본당을 방문하여 신학생 양성의 중요성을 설명하면서 신자들의 도움을 청했다.

"신부님 저희 안나회에서 한 명 맡겠습니다."
"저희 남자 성심회에서는 두 명 맡을 수 있습니다!"
평양교구 교우들의 정성은 차고도 넘쳤다. 부인들은 자신의 손에서 반지를 빼서 내놓고 처녀들 중에는 혼수로 장만해 둔 광목이나 삼베 필목을 내어오는 이들도 있었다. 밤새도록 달구지에 쌀가마니를 싣고 와 성당 마당에 부려놓고 해뜨기 전에 농사일을 하러 서둘러 돌아가는 농부들도 있었다. 성가대 학생들은 쇠붙이나 유리 조각을 모아다가 고물상에 팔아서 돈을 모으기도 했다. 이런 정성과 노력으로 신학생 양성비 모금 운동을 시작한 지 얼마 되지 않아서 이미 충분한 돈이 모였다. 아주 넉넉할 정도였다.

신학생들을 귀하게 여기는 평양교구 교우들의 뜨거운 마음은 그 후에도 오랫동안 변함없이 이어졌다. 6·25 전쟁 동안 남한으로 피난 온 평양교구 신자들은 부산에서 평양교구 신우회를 만들어 평양 출신 신학생들을 양성하는 데 있어서 도움을 아끼지 않았다. 서울의 평양교구 신우회는 김몽은 신부의 부친 김관택(金觀澤) 회장을 주축으로 활동을 하였는데 당시 신학교에 다니던 신학생들에게 꽤 큰 몫으로 매달 용돈을 주었다. 후에 부산 초량본당 보좌신부가 된 이병만 신부는 부산 신우회를 중심으로 활동하며 방학 때마다 서울에서 신학교를 다니던 평양 신학생들을 초대하는 행사를 하곤 했다. 오랜만에 고향의 교우들을 만나서 맛있는 음식으로 후한 대접을 받은 신학생들은 고향을 떠나온 시름에서 잠시 벗어날 수 있었다.

평양교구 전 신자들이 정성을 모아 신학생을 후원하고 있을 무렵 드디어 평양교구 출신 신학생이 사제품을 받게 되었다. 서운석 보니파시오 신부와 최항준 마티아 신부로 두 분 모두 바로 우리 윗반이었다. 서품식은 1948년 10월 10일 아직도 공사 중이던 평양교구 주교좌성당 관후리성당 지하에서 홍용호 주교의 주례로 거행되었다. 오랜만에 열리는 사제 서품식을 보기 위하여 교우들은 발 디딜 틈 없이 성당으로 몰려들었다.

최항준 마티아 신부는 안주본당에서 첫 미사를 드린 후 홍 주교의 비서 겸 교구청 경리 책임자로 부임하였고 서운석 보니파시오 신부는 관후리성당 보좌로 임명되었다. 서운석 신부와 최항준 신부는 예비 신학교 때부터 우리 반의 1년 선배로 서울 동성소신학교에 갔다가 대신학교는 덕원으로 온 선배들이다. 학교생활을 같이 했으니 여러모로 잘 아는 선배들이었다.

내 기억 속에 최 신부님은 머리가 명석하고 뭐든지 잘 해내려고 하는 의욕이 있는 분이었다. 성적도 늘 우수했고 특히 남에게 지기를 싫어했다. 학생회장을 맡아 일하며 교장 신부님의 총애를 한 몸에 받은 학생이기도 했다. 신학생일 때 최 신부님이 맹장 수술을 받았는데 그때 교장 신부님이 얼마나 각별히 돌봐주셨는지 우리가 다 부러워했을 정도였다. 서운석 신부님은 말수가 적은 분으로 늘 착실하게 사제가 되기 위한 공부에 전념하는 신학생이었다.

　최항준 신부님은 김필현 부감목님이 피랍될 때 함께 잡혀 갔고 서 신부님은 본당을 지키다가 정치보위부에 끌려갔다. 그때 함께 연행되어 온 대신리본당 박용옥 디모테오 신부와 함께 풀려나는가 싶었지만 두 분 모두 관후리본당으로 돌아와 있던 그날 새벽 정치보위부원들에게 결국 다시 끌려가고 말았다.

4장
시작되는 공산 탄압

차부제 서품

대신학교 3학년이던 1948년에 나는 차부제품을 받았다. 차부제는 지금은 없어진 제도로 부제품을 받기 한 해 전에 받는 품이다. 신학과로 올라가 공부를 거의 다 마쳐가는 도중에 받게 되는 품이었으므로 그즈음 신학과 학생들은 저마다 각오를 새롭게 다지고 있었다. 차부제품은 엄격히 부제품과 구분이 되는 것이었지만 부를 때는 이름 뒤에 그냥 '부제'를 붙여서 불렀다.

나와 함께 차부제를 받은 동기는 장선홍 라우렌시오, 이종순 라우렌시오, 최명화 베드로, 장대익 루도비코였다. 그 뒤 사제품은 각각 다른 일시와 장소에서 받게 되었다.

나는 2년 뒤 월남하여 서울에서 장선홍 부제와 사제 서품을 함께 받았고, 연길교구 소속이었던 이종순은 신학교가 폐쇄된 후 제일 먼저 월남하여 1949년 가을에 서울에서 사제 서품을 받았다. 함흥교구 소속의 최명화는 1950년 11월 21일에 장대익과 함께 서울에서 사제품을 받았다. 이때 동기였던 김남수 안젤로는 벌써 신품을 받고 서울 혜화동성당에서 보좌신부로 지내다가 로마로 유학을 떠났었다.

덕원신학교 – 시련을 맞다

1946년 3월 북조선 임시 인민위원회가 토지개혁령을 선포하였다. 덕원수도원은 큰 난관에 봉착하게 되고 말았다. 수도원은 전답 거의 전부와 임야를 모조리 몰수당했다. 수도원으로서는 전체 생계가 어려워지는 문제였다. 수도원의 목공소와 농장, 인쇄소 등 여러 작업장에서 일하는 노동자가 매일 1백 명에 달했다. 그리고 1백 명 남짓한 신학생과 수도원 식구들, 원산 수녀원의 수녀들 30명의 생계도 수도원 농장에서 먹여 살리고 있었다. 몰수당하고 남은 것은 수도원 직영 논밭이 전부였다. 수도원과 신학교의 재정을 충당하는 재원이 끊어지게 되었으니 앞으로 살아갈 길이 캄캄했다. 그러나 이 어려움을 다르게 해석하는 분도 있었다. 바로 교장 신부님이었다. 그분의 해석은 이랬다.

"교회 역사를 보면 수도원은 언제나 부자가 되기 마련이에요. 노동력이 좋은 사람들이 쉬지 않고 일을 하고, 그들은 어떠한 어려움이 닥쳐도 절제하는 생활을 하면서 절대 포기하지 않기 때문이지요. 그래서 결국 부자가 되기 마련인데 그 부를 자진해서 나눠주는 경우는 또 없어요. 수도원이 자발적으로 나눠 갖지는 않는다는 말이지요. 그러다가 하느님의 안배로 그동안 쌓았던 부를 전부 없애버리신다는 것이죠. 가령 혁명이라든가 그런 시기가 오는데, 이 모든 게 하느님의 섭리입니다."

그런 교장 신부님도 추운 겨울날 땔감이 떨어져 신학생들이 떨고 있는 것을 보시고서는 뒷산에 가서 몰래 땔감을 구해와도 좋다고 허락하셨다. 공산당은 수도원의 뒷산은 물론 인근 산야까지 모두 몰수했다.

"들키지만 말아요. 저 산은 원래 우리 것이니까 훔치는 게 아니에요."

우리 신학생들이 야밤에 산으로 올라가 나무를 베어와 난롯불을 지폈다. 몹시 추운 덕원의 겨울밤을 그런대로 따뜻하게 지낼 수 있었다.

공산당은 수도원에 대한 박해를 서서히 아주 조직적으로 가해왔다.

1947년 12월 화폐 개혁이 단행되었을 때의 일이다. 정해진 기간을 넘어서 구권을 사용하였다는 죄목으로 교장 신부님을 잡아가는 일이 발생했다.

구환 효력 정지 하루 전날, 어떤 농부가 신학교로 쌀을 싣고 와서 구권으로 받아줄 테니 쌀을 사라고 했다. 그런데 그것은 공산당이 쳐놓은 덫이었다. 그들은 화폐 개혁 기간에 수도원의 사정을 교묘하게 이용한 것이었다. 쌀을 구입한 바로 다음날 정치보위부에서 나와 장부 조사를 하고 불법을 저질렀다며 교장 신부님을 연행해 갔다. 그날 문천군 내무서로 끌려간 교장 신부님을 만나러 학생들 몇 명이 대표로 가게 되었는데 나도 그중에 속해 있었다.

학생들이 내무서 안을 오가는 것을 보고, 한 내무서원이 물었다.

"야 너희 뭐야? 왜 여기 와있어? 용무가 뭐야?"

"우리 교장 신부님이 이곳에 잡혀 와 계십니다. 면회 왔습니다."

"그래? 무슨 일인지 알아봐야겠군."

그 내무서원은 교장 신부님에게 왜 연행되었는지를 물었다. 교장 신부님의 대답은 간단했다.

"내가 죄를 지었으니까 와 있습니다. 죄 지었으니까."

그 모습을 보는 우리 학생들은 민망해서 고개를 들 수 없었다. 정치보위부의 계략에 몰려 죄없이 잡혀 와 있으면서도 교장 신부님은 누구도 원망하는 기색을 보이지 않으셨기 때문이다. 그들은 우리가 학교로 돌아오고 나서 별일 없이 교장 신부님을 풀어주었다. 하지만 그것은 잠깐의 자유였다. 다시 잡아가기 위해 잠시 놓아 주었던 것이다.

공산당의 계획은 주도면밀했다. 이때부터 공산당은 1949년 5월에 수도원장과 독일인 신부들을 잡아가고 덕원수도원을 폐쇄하기까지 갖가지 각본을 짜서 자신들의 드라마를 연출하기 시작했다.

구권으로 쌀을 구입한 것으로 빌미를 잡더니 그다음에는 1948년 여름 내내 수도원 포도 농장을 감시하고 있다가 몇 달 뒤 12월에는 불법 양조 책임을 물어 경리 담당 다코베르트 엥크(Dagobertus Enk, 엄광호) 수사를 잡아가서 몇 달을 감금했다. 그리고 다음 드라마는 인쇄소에서 반공 삐라를 찍어냈다며 1949년 4월 29일 인쇄소 책임자 루도비코 피셔(Ludovicus Fischer, 배) 수사를 불온물 인쇄 혐의로 체포해 갔다. 당시 북한 지역에서 공산주의에 반대하는 청년들이 비밀리에 움직이고 있었는데 그 삐라를 수도원 인쇄소에서 인쇄했다는 죄목이었다. 이 사건도 그들이 꾸며낸 것으로 미리 인쇄소에 삐라를 숨겨놓고는 나중에 찾아내었노라 우겼다. 그리고 일주일 뒤에 마침내 수도원으로 한밤중에 쳐들어와 주교 아빠스님과 신부님들을 잡아갔다.

해방 직후 북한에 들어선 공산 세력은 처음부터 드러내놓고 교회를 박해하지는 않았다. 소련군은 북한에 진주하면서 북한의 종교 자유를 인정한다는 스탈린의 포고문을 선전했다. 하지만 결국 그것은 전면에 내세우는 거짓에 지나지 않았고 뒤에서는 종교 탄압의 수위를 단계별로 높이고 있었다. 해방 후 북한 전 지역에는 실상 종교 탄압 정책이 펼쳐진 것이다. 1948년 12월 소련군이 물러가자 북한 공산 정부는 자신들의 정체를 노골적으로 드러냈다.

먼저 그들은 가톨릭 신자들에 대해서 대대적인 탄압에 나섰다. 가톨릭 신자 중 많은 이들은 공산 치하가 시작되자 서둘러 남쪽으로 내려가기 시작했다. 가톨릭 신자에 대한 공산당의 탄압이 집요했기 때문이었다. 당시 신학교에서 근무하던 평신도 교사가 어느 날 수도원 원장 신부를 찾아왔다.

"원장 신부님, 제가 학교를 그만둬야겠습니다."

"왜 그러시오? 무슨 일이오?"

"남쪽으로 내려가야겠습니다. 이곳에서 더 이상 버티기가 힘들게 되었습니다."

"무슨 이유인지 말을 해줄 수 있겠소?"

"제가 정치보위부 앞잡이가 되었습니다. 신부님, 저들이 강제로 제게 그 일을 하게 만들었습니다. 제게 학교에서 일어나는 일을 하나도 빠짐없이 보고하라고 합니다. 더 이상 괴로워서 이 일을 할 수 없습니다. 하지만 제가 그만두겠다고 하면 저를 잡아갈 것입니다."

얼마 후 학교를 그만둔 그 교사는 남쪽으로 내려가 버렸다. 공산당은 사람들의 목줄을 틀어쥐고 놓아주지 않았다. 점점 더 숨통을 조여 오기 시작했다. 그들은 소련군이 철수하고 나서부터는 조선인민군 민주청년동맹이니 기독교도연맹이니 하는 이름으로 신학교에 서류를 들이밀었다. 연맹에 가입하라는 말이었다. 신학교도 종교 기관이니 민주청년동맹에 가입하라고 압박하기 시작했다. 교장 신부님이 우리를 불러 이렇게 말씀하셨다.

"너희들이 의논해서 대답하도록 해라. 민주청년동맹이라는 데에 가입하는 것이 어떻겠느냐?"

"교장 신부님 저희는 절대로 가입하지 않겠습니다. 절대 그럴 일은 없습니다."

"지금 그 조직에 가입하지 않으면 우리 신학교는 폐쇄될 것이 뻔하다. 민주청년동맹에 들어간다고 해서 무신론을 받아들인다든가 종교를 배반하는 것은 아니지 않느냐? 저들이 하자는 대로 해보는 것도 방법일 수 있을 것이다. 그렇게 생각하지 않느냐?"

결국 신학생들은 민주청년동맹에 가입했다. 매주 한 번씩

면민주청년동맹 모임에 나오라는 연락이 오면 가야 했다. 두 명의 학생대표가 가기로 했는데 김남수 안젤로와 내가 그 대표였다.

면민주청년동맹위원회에서는 모임에서 나오는 과제를 학교로 돌아가 독보회를 하고 결과를 보고하라고 했다. 독보회의 주제는 볼 것도 없이 공산주의에 대한 공부였다. 과제 보고는 김남수가 맡아서 했는데 실제로 하지도 않은 독보회를 거짓으로 꾸미는 수밖에 없었다. 김남수는 계속해서 가짜 내용을 만들어내야 하는 게 몹시 괴롭다고 나에게 털어놓았다.

잡혀가신 주교 아빠스

그리고 마침내 결코 일어나기를 원치 않았던 일이 일어났다. 1949년 5월 9일 한밤중이었다. 모두 잠자리에 들어있던 시간, 수도원 안으로 몇 대의 트럭을 동원해 정치보위부 사람들이 들이닥쳤다.

덕원수도원은 북한 지역에서 상징하는 바가 매우 큰 수도원이었다. 원산대목구와 덕원 면속구를 아우르는 천주교 선교의 거점이며 북한 지역 신학생 양성을 책임지는 교육 기관이기도 했다. '조선민주주의인민공화국' 안에서 이런 종교 기관의 존립은 더 이상 불가능한 일이었다. 그들은 덕원수도원을 폐쇄하기 위한 절차를 본격적으로 시작했다.

사실 수도원 폐쇄는 시간문제라는 것을 모두가 예상하고 있었다. 머지않아 환난이 닥칠 것을 예감하면서도 수도원 장상과 수도자들은 하느님께 의지하면서 수도 생활을 하고 있었다. 신학교 수업 또한 여일하게 이어가고 있었다. 교수 신부들은 신학생들 앞에서 흔들리지 않는 의연한 모습을 보여주었다. 북한 정권의 압박에 시달리면서도 당시 궁핍한 살림살이 가운데에서도 신학생들을 제대로 먹이고 가르치기 위해서 교장 신부님이나 수도회 식구들이 얼마나 애썼는지는 하느님만 아시는 일이다.

그날 월요일 한밤중이 지나고 거의 새벽녘에 신학교의 종소리가 크게 울렸다. 화재가 나면 모를까 수업 시간이나 기도 시간을 제외하고 종을 울리는 경우는 없었다. 더구나 밤중에 종을 치는 일은 없었다. 그러나 그날 밤 세차게 종이 울렸다.
나는 급히 잠자리에서 일어나 복도로 나왔다. 몇몇 학생은 벌써 일어나 있었고 누군가 수도원에 공산당이 쳐들어왔다고 말했다. 신학생 중 몇 명이 수도원으로 달려가서 그날의 상황을 지켜보았다. 나도 수도원으로 급히 달려가 주교 아빠스님과 세 신부님이 연행되어 가는 현장을 목격하였다. 수도원에서 일어난 일은 다음과 같았다.

 구부정한 몸을 지팡이에 힘겹게 의지한 백발의 사우어 주교 아빠스님께서 방에서 나오시고 있었고 그 앞으로 수도자들이 늘어서 있었다. 모든 것을 깨달은 주교 아빠스는 스스로 걸어 나오셨다. 수도자들이 다시 막아서며 매달릴 때 일흔이 넘은 백발의 주교님께서 이렇게 말씀하셨다.
 "주께서 부르시니, 또 주께서 행하심과 같이, 또 수많은 순교자와 같이 형장으로 나가야 한다. 이제 나 없는 이 자리를 너희에게 부탁하니 물러가 편히 쉬어라."
 울며 따라오는 형제들에게 강복한 다음 주교님은 트럭에 끌어 올려졌다. 덕원수도원 아빠스이며 원산대목구 교구장인 사우어 주교님이 트럭에 실려 떠나가며 남기신 마지막 인사는 '천당에서 만나자'라는 말씀이셨다.
 이날 주교님과 함께 붙들려간 신부님들은 루치오 로트 원장 신부, 부원장 아르눌포 슐라이허 신부, 노철학자 루페르토 클링자이스 신부였다. 네 분의 독일 사제들이 그렇게 연행되어 갔다. 현관문이 닫히자 수도자들은 여전히 벽에 늘어선 채 침묵 속에 있었다.

그 무거운 침묵을 깨겠다는 듯이 정치보위부에서 온 책임자는 앞으로 지켜야 할 수도원 활동 지침을 시달한다고 소리쳤다. 로머 교장 신부님이 받아 적었다.

'수도원 울타리를 벗어나선 안되고, 수도원 현관 손님방은 경비실로 쓸 것이며 외부로 전화 통화는 일절 금지한다'고 했다. 수도원 성당에서 남아있던 수도자들은 간절한 기도를 올렸다. 기도는 선창자의 노래로 시작됐다.

'형제들이여, 맑은 정신으로 깨어 있어라. 너희의 적 포효하는 사자처럼 배회하며 먹잇감을 찾으니 믿음으로 굳세게 저항하라. 주여 우리를 불쌍히 여기소서'

그러나 다음 날 아침 덕원수도원은 다른 날과 변함없이 시작되었다. 수도회 형제들은 정해진 시각에 일어나 아침기도를 올리고 미사를 드렸다. 베네딕도 수도회의 공동 기도 시간(성무일도)은 수도회의 규칙으로 어떤 상황이라도 흔들림 없이 지속되는 것이었다. 장상과 형제들이 끌려갔지만 베네딕도회의 모토 '기도하고 일하라(Ora et Labora)' 대로 수도 형제들은 기도와 노동의 하루를 시작했다. 공산당의 압제가 아무리 심해도 그들의 기도를 막지는 못했다. 평양 교화소에 갇혀 있을 때도, 나중에 옥사덕 수용소에서 감시와 강제 노동에 시달릴 때도 수도자들은 공동체 전례를 멈추지 않았다. 그 후 살아남은 이들이 부산으로 가 피난 생활을 할 때도 미사와 공동기도를 빠뜨리는 일은 없었다. 수도자들은 공동체 전례에서 흘러나오는 하느님의 은총에 모든 것을 의탁했다. 어떤 극심한 고난도, 죽음까지도 그들에게는 하느님의 은총 안에서 행해지는 일이었다.

전날 밤 덕원수도원에 밀어닥친 환난 따위에 베네딕도 수도회가 흔들리는 일은 없었다. 수도자들은 그날의 모든 것을 감사히 받아들였다. 그러나 공동기도를 드릴 수 있는 기쁨은 단 이틀간 더 허용되었다. 이틀 뒤 전날과 아주 비슷한 풍경이 되풀이되었기 때문이다.

끌려가신 교장 신부님과 독일 수도자들

5월 11일 수요일 밤 정치보위부원들은 다시 쳐들어왔다. 우리 신학생들은 모두 잠에서 깨어나 수도원 안에 불이 환하게 켜져 있는 것을 목격하였다. 정치보위부에서 나온 이들이 수도원에 있는 로머 교장 신부님과 독일인 신부와 수사 모두, 그리고 한국인 신부 4명을 다 연행해 가버렸다. 이제 수도원에는 한국인 수사들만 남게 되었다는 사실을 나중에야 알게 되었다.

한밤중에 일어나 복도에 나와 있는 신학생들 앞에 정치보위부원이 소리쳤다. 그는 신학교 건물 현관 옆 조그만 응접실에서 늘 학교를 감시하고 있었다.

"자, 이제 여러분은 신부들의 압제에서 풀려났습니다. 이제 해방입니다!."

학생 중에 누군가가 말했다.

"우리는 잡혀 있었던 게 아니오. 우리는 하느님을 믿는 이들로서 이곳에서 학문을 하는 것이오."

그 간부는 냉소를 머금고 말했다.

"당신들은 늘 나보다 이론 수준이 높으니 내가 답변을 잘 못하오. 그러나 우리 공산주의가 옳다는 것은 이미 다 드러나 있지 않소?"

그는 걸핏하면 신학생을 불러 모아 무신론에 대해서 토론을 나누자고 하던 이였다.

그는 신학생들 모두에게 방으로 돌아가라고 외쳤다. 우리는 다 같이 성모찬가(마니피캇)를 부른 뒤 야간 대침묵에 들어갔다. 환난의 시기에 우리가 누구에게 의탁할 것인가? 오직 주님만이 우리에게 힘을 주실 분이었다. 밤보다 더 어두운 시간이었지만 주님이 보여주시는 빛을 우리는 놓치지 않았다.

그 밤으로부터 일주일간 우리는 신학교 건물 안에서만 갇혀 지내야 했다. 정치보위부원들이 신학교와 수도원을 포위하고 감시했다. 신학생들은 절대 외출 금지와 일체의 연락을 금지당했다. 우리는 교장 신부님도 안 계시고, 신학교 안에 신부님이 한 분도 없으니 아침 미사를 우리끼리 기도만 드리는 것으로 대신했다. 사제가 없이 지내는 신자들을 '길 잃은 양'이라고 부르는 것이 무슨 의미인지 제대로 알 것 같았다. 우리 신학생들이야말로 그때 정말 길을 잃고 헤매는 어린 양 떼나 마찬가지였다. 미사도 드리지 못하고 우리의 불안을 달래줄 교장 신부님도 안 계시는 가운데 우리는 우왕좌왕하며 하루하루를 보내야 했다.

신학교 안에서 우리를 감시하고 있는 공산당 간부 중에는 신학생들에 호의를 보이는 자도 있었다. 어느 날 지학순 다니엘이 나를 불렀다.

"빅토리노, 너 저기 교장 신부님 방으로 한번 가봐. 거기 있는 당 간부가 이런저런 이야기를 자꾸 물어보는데 너도 가서 이야기 좀 들어 봐."

교장 신부님 방에 있던 그 간부가 자신의 신념에 의심이 생겼는지 종교에 대한 질문을 많이 해왔다. 그는 자기들이 배워온 바와 수도원에서 만난 선교사들의 모습이 전혀 다른 것에 대해 적잖이 놀라고 있었다. 종교인들은 모두 위선자들로서 독일에서 온 신부들은 한국인들을 착취하면서 사는 줄 알았는데 부지런히 일하며 검소하게 사는 모습에 감동을 받은 모양이었다. 나는 그 간부를 만나 한 시간 정도 이야기를 하였다. 내가 알고 있는 지식으로 그에게 설명해 주었지만 어떤 효과를 보았는지는 알 수 없었다. 그는 우리의 편의를 봐주어 바깥으로 나가 운동할 수 있게 하는 등 나름대로 애를 쓰기도 했다.

덕원신학교 강제 폐쇄

일주일이 다 되어갈 무렵 그 주 금요일에 당 간부가 우리를 불러 신학교를 폐쇄한다는 발표를 했다. 그리고 당장 모두 귀가 조치할 것이라며 짐을 챙겨 떠날 준비를 하라고 했다. 짐 보따리 속에 종교와 관련된 어떠한 물건이나 옷, 책을 숨겨갈 생각은 하지 말라고 경고했다.

5월 13일 금요일 73명의 신학생과 26명의 수사들이 수도원을 나섰다. 모든 개인 물품은 조사당하여 성물과 수도복, 단 한 권의 서적도 갖고 나올 수 없었다. 묵주까지도 다 빼앗아 갔다. 신학생과 수사들은 수도원 밖으로 나와 열을 지어 걸어가면서 다 같이 '순교자 찬가(무궁무진세에 - 가톨릭 성가 284

번)'를 부르며 발길을 옮겼다.

'무궁무진세에 천주께 영광이요 주의 용사들이 승전하여 계시니 실로 오늘날이 기쁜 날이로다 … 성인이여 용맹한 성인이여 우리에게 용덕을 주소서 찬류세상 영 이별한 후에는 영복소에 만나게 하소서 영복소에 만나게 하소서'

우리가 부르는 성가 소리가 텅 빈 신학교 지붕 위로 퍼져 나가고 있었다.

우리는 늦은 시간에 학교에서 쫓겨나 그날 밤을 어디에서 지내야 할지 막막했다. 동네 주민들이 다들 나와서 딱한 표정으로 우리를 보고 있었다. 공산당 군인들은 신학생들을 재워주면 동네에서 추방할 거라고 주민들에게 겁을 주었지만, 교우 주민들은 신학생 몇 명씩을 집으로 데리고 갔다. 불안한 마음으로 밤을 지새운 우리는 다음 날 5월 14일 토요일 아침 일찍 기차역으로 갔다.

1949년 봄, 덕원신학교에서 쫓겨난 후 추방의 시간은 길고도 길어 우리는 수십 년이 지난 지금까지 아무도 그곳으로 돌아가지 못하고 있다.

덕원신학교는 북한 지역 전체 신학생 양성의 최고 요람이었다. 수준 높은 교수진과 우수한 교육 환경 속에서 우리 신학생들은 인생에서 가장 행복한 시절을 보냈다고 말할 수 있다.

신학교가 폐쇄되기 불과 몇 달 전 1948년 9월에 덕원수도원 부원장 아르눌포 슐라이허 신부는 앞날에 닥칠 환난을 알지 못한 채 당시 덕원신학교의 결산을 다음과 같이 했다.

'덕원신학교는 1933년 김충무 클레멘스, 한윤승 필리보 사제 서품을 필두로 1948년 9월까지 60명의 사제를 배출했다. 특히 1943년에서 1945년 사이에 40명의 사제가 서품되었다. 지금 우리 신학교와 수도원에는 신학생 39명과 수도자 12명이 공부하고 있고 평수사 지원자 수도 15명이나 있다. 우리는 희망을 가지고 일하고 있다.'

그랬다. 공산 치하에서 덕원수도원은 갖가지 어려움에 시달리고 있었지만 사목과 사제 양성의 임무를 포기하는 일은 결코 없었다. 그러나 1949년 5월 덕원수도원과 신학교는 폐쇄되었고 30여 년 전 품었던 원대한 계획은 그 날개를 접어야 했다.

베네딕도 수도회가 서울 백동에서 1921년에 시작한 신학교의 역사가 1927년 덕원으로 옮겨와 1949년까지 이어졌다. 수도원 역사 30년은 그리 긴 시간이라고 할 수 없을지도 모른다. 그러나 한국 천주교회 안에서 덕원수도원과 덕원신학교가 차지하는 비중은 결코 작지 않다고 할 것이다.

덕원신학교는 설립 당시 서울 용산 예수성심신학교와 대구 성유스티노 신학교에 이어 한국에서 세워진 세 번째 신학교였다. 규모 면에서는 가장 작은 학교였지만 다른 학교에 비해 내실은 아주 튼튼했다. 수도원 소속 학교로서 재정도 풍부하였고 합리적이고 자유로운 학업 분위기로 학생들에게 높은 자긍심을 가지게 하였다. 덕원신학교는 전국에서 가장 많은 박사 학위 소지자를 교수진으로 갖추고 있어 수준 높은 교육을 자랑하였다.

앞서 말한 대로 덕원신학교는 한때 한국 유일의 신학교 역할을 한 적도 있었다. 1942년 일제가 총독부의 인가가 없다는 이유를 내세워 서울과 대구의 신학교를 폐쇄하였을 때 덕원이 건재하였기에 두 학교 학생들이 모두 덕원으로 옮겨와 한국 교회 신학 교육의 맥이 끊어지지 않았다. 덕원신학교는 해방이 되기 직전까지 짧은 시기였지만 학생 수 100명에 이르는 국내 유일의 신학교였다.

또한 덕원신학교는 남북으로 갈라진 한반도의 정치적 상황으로 가장 큰 피해를 입은 신학교이기도 하다. 공산화된 북쪽 지역에 있었기 때문에 유일하게 강제로 폐쇄되는 운명을 맞을 수밖에 없었다.

덕원수도원과 신학교는 한국으로 진출한 독일 베네딕도 수도회의 원산과 북간도 지역의 선교 거점이었다. 이역만리

먼 곳에서 파견된 선교사들은 북녘의 척박한 땅을 희망의 옥토로 일구어내는 데 자신의 모든 것을 쏟아 부었다. 그들은 머나먼 곳에서 겪어야 하는 추위와 병고에도 쓰러지지 않았고 일제의 압제와 공산당의 박해 속에서도 굴하지 않았다. 그들은 목숨과 신앙을 맞바꾸는 데서도 주저함이 없었다. 북녘 땅 어느 산 귀퉁이에 이름 없이 묻혀버린 선교사도 있었다. 세속의 눈으로 보자면 그 죽음은 안타깝고 애통한 일이다. 하지만 선교지에서의 죽음은 선교 임무의 거룩한 완성이다.

고난과 역경 속에서도 양 떼를 돌보던 선교사들과 사제를 키워내고자 혼신을 쏟아부은 교수 신부님들의 열정은 한국 교회를 이어가는 핏줄 안에 오늘도 살아있다. 우리 덕원 신학생들은 그 선교사 스승들이 사랑과 열정으로 세상에 내놓은 자랑스러운 제자들이다. 우리는 그 사실을 항상 기억하고 있다.

덕원신학교는 나의 본향이다. 그곳에서 성장할 수 있었던 것은 하느님께서 내게 베풀어주신 가장 큰 은총이라고 생각한다.

평양교구 - 홍용호 주교님을 잃다

신학교에서 쫓겨난 신학생들은 모두 고향으로 뿔뿔이 흩어졌다. 나는 장선홍 부제와 평양교구 신학생들 모두와 함께 기차를 타고 서평양역에 도착했다. 토요일 늦은 오후였다. 당시 덕원에서 평양까지 기차로 오는 데는 8시간이나 걸렸으므로 늦은 오후가 되어서야 평양에 도착할 수 있었다.

우리는 서둘러 기림리 주교관으로 갔다. 신학생들은 방학이 되면 반드시 교구장님을 먼저 뵙고 집으로 가는 게 순서였다. 주교관에 들어서니 주인 없는 빈집 같았다. 신학생을 반가이 맞아주시던 홍 주교님의 모습은 보이지 않고 비통한 소식이 기다리고 있었다.

'홍 주교님이 피랍되셨다. 아무리 찾아도 그분 행방을 알아내지 못하고 있다.'는 청천벽력 같은 소식이었다. 홍 주교님은 공산 치하를 지내고 있는 평양교구 신자들에게 크나큰 버팀목이셨다. 그때 우리 교구는 공산당의 압제를 견디어내야 하는 어려운 여건에 있었지만, 한국인으로서 서울교구의 노기남 주교에 이어 두 번째로 주교가 되신 홍용호 프란치스코 주교님이 계셨으므로 전반적으로 매우 활기가 넘쳤다. 홍 주교님은 관후리 주교좌성당 건축을 추진하시면서 또 대대적으로 성소 계발에도 힘을 기울이고 계셨다.

그런데 평양교구에 환난의 시기가 닥치고 만 것이다.

우리가 신학교에 갇혀 고초를 겪고 있을 바로 그즈음에 홍 주교님은 평양시 인민위원회로부터 건축 중인 관후리 대성전을 내놓으라는 압박에 시달리고 있었다. 홍 주교님은 절대 불가의 입장을 보이며 긴장하고 있던 중에 덕원수도원 사우어 주교 아빠스의 연행 소식을 듣게 된 것이다.

홍 주교님은 북한 당국에 항의 서한을 보내 사우어 주교 아빠스와 독일 신부들과 수사들을 즉시 석방할 것과 이 사태에 대한 북한 당국자의 책임 있는 답변을 요구했다. 북한 내무상 박일우는 즉시 면담하겠다고 하면서도 차일피일 미루며 별다른 연락을 주지 않고 있었다. 5월 14일 그날 오전까지 홍 주교님은 면담 통지를 기다리다가 오후에 서포 수녀원으로 향하셨다. 영원한 도움의 성모 수도회 종신 서원자들과 면담이 예정되어 있었기 때문이다.

그런데 그날 4시에 관후리성당으로 연락이 오기를 저녁 6시에 내무상과 면담이 잡혔으니 홍 주교님이 사무실로 나오라는 것이었다. 그러나 홍 주교님은 이미 떠나고 안 계셨다. 부감목 김필현 신부님은 한시바삐 소식을 전해야 했기에 주교관에서 일을 돕고 있던 소년 김운삼 요셉에게 서포로 가서 홍 주교님께 전갈을 드리라고 했다. 그러고도 마음이 놓이지 않아 소년 송은철 파트리치오도 함께 보냈다. 이때 송은철은 주교관에서 키우던 개 셰퍼드 해리를 함께 데리고 갔다. 김운삼과 송은철은 신학교 입학을 준비하며 주교관에서 신부님 일을 돕고 있던 이들이었다. 서포는 평양에서 20리 떨어진 곳이었다. 두 소년이 각각 자전거를 타고 서포 수녀원에 도착하여 김 신부님이 주교님께 드리라고 맡긴 편지를 홍 주교님께 드렸다. 주교님은 편지를 읽으시고 '내가 곧 갈 터이니 너희들은 먼저 돌아가거라.' 하셨다. 아이들은 자전거 한 대만 타고 다른 한 대는 주교님이 타고 오시도록 남겨드리고 평양 주교관으로 돌아가는 길을 떠났다.

그런데 그날 저녁이 다 되도록 홍 주교님도 안 오시고 심부름을 갔던 두 소년과 개도 돌아오지 않았다. 서포 수녀원에서는 홍 주교님이 면담을 마치고 주교관에서 온 두 소년의 전갈을 받으시고 즉시 평양을 향해 떠나셨다고 했다. 그 시각이 4시 50분이었다고 했다. 나중에 밝혀지기를 세 사람은 평양으로 출발했는데 가루게라는 고갯길에서 잠복하고 있던 정치보위부원들의 검은 지프차에 강제로 실려 갔다는 것이다. 검은 지프차에서 나온 이들이 어른 한 사람과 소년 두 명과 개 한 마리를 억지로 차에 태우고 가는 것을 보았다고 그 동네 가게 주민이 증언했다. 그 뒤 평양 감호소에 김운삼과 함께 갇혀 있던 사람이 나와서 전해준 내용도 같은 것이었다.

홍 주교님을 애타게 찾던 사람들은 그날 저녁에 실종 신고를 했지만 내무서원들은 교회에서 홍 주교를 감추었다며 엉뚱한 누명을 뒤집어씌웠다.

길 잃은 양들은 어디로

이로써 북한 교회는 일주일 사이로 두 분의 주교를 잃게 되었다. 평양교구 전역에는 어느 때보다 긴장감과 불안감이 감돌았다. 교회가 기어코 모든 사제를 잃게 되는 날이 서서히 다가오고 있었다.

부감목 김필현 신부님이 교구 신학생들에게 말씀을 꺼내셨다.

"이제 우리 교구가 이렇게 위험한 상황에 처하게 되었으니 너희 신학생들은 재간껏 월남하도록 해라! 남한으로 가기만 하면 신학생으로 계속 공부할 수 있을 것이다. 신학생들이 다 함께 38선을 넘어가는 것은 불가능한 형편이니 각자 재량껏 가도록 해라."

그리고 이어서 나와 장선홍에게 말씀하셨다.

"라우렌시오, 빅토리노, 너희 둘은 이제 차부제품을 받았으니 여기 남아서 할 일이 있을 것이다. 이제 얼마지 않아 사제들이 다 잡혀갈 게 분명하니 너희 둘이라도 남아서 교우들을 돌봐야 할 것 같구나."

우리 두 부제(차부제) 밑으로는 지학순 다니엘이 제일 위였다.

그래서 지학순 다니엘은 김필현 신부님으로부터 따로 명을 받았다.

"다니엘, 네가 제일 윗 학년 학생이니 이 일을 맡기겠다. 너는 하루라도 빨리 남한으로 가서 교황사절을 만나 뵙고 이곳 북한 교회의 사정을 다 보고 드려라. 우리의 사정이 서울을 통해 로마로 알려지게 해야 한다."

부감목님의 말씀을 듣고 있는 우리 신학생들의 표정은 하나같이 비장했다. 위험이 바로 코앞에 닥쳤다는 사실이 실감 났다. 무엇보다 신학교 공부를 하기 위해서라면 남쪽으로 가야 한다는 게 분명해졌다. 각자 어떻게 실행에 옮길지 막막한 표정들이었다.

이때 특명을 받고 지학순 다니엘은 곧장 길을 떠났지만, 중간에 잡혀 감옥에 갇히는 바람에 그의 임무는 미완성으로 끝나고 말았다. 그 당시 월남은 쉽지 않았다. 해방 후 38선이 생기면서 많은 이들이 월남하였으나 날이 갈수록 경계 감시가 심해졌다. 38선 안내자를 구해서 월남하는 경우도 있었지만, 그것도 운이 좋아야 성공할 수 있었다. 안내자가 중간에 돌변하여 정치보위부 앞으로 월남자들을 데려다 놓는 일도 자주 있었다. 육로를 거쳐서 가기도 하고 황해도 해주로 가서 목선을 타고 가는 등 여러 갈래로 남쪽을 향해 갔지만, 어느 쪽도 위험을 감수해야 했다. 지학순 신학생과 박정일 신학생처럼 월남 길에 올랐으나 38 정치보위부에 붙잡혀 몇 달씩 감옥살이를 해야 하는 경우가 드문 일이 아니었다. 백민관 신학생은 해주 어느 교우 집에 피해 있던 지학순 신학생과 잠시 마주치기도 하였다. 백민관 테오도르는 다행히 1949년 여름 무렵 남쪽으로 내려갈 수 있었다.

이 무렵 황해도 해주본당의 김철규 신부도 월남하게 되었다. 김철규 신부는 원래 서울교구 소속이었으나 용산신학교가 폐쇄될 때 덕원신학교 철학과로 전학하여 공부하다가 해방이 되고 서울로 돌아와 신학교에서 공부를 마치고 사제가 되었다. 그 후 서울교구 소속으로 38선 이북에 있는 황해도 해주 본당신부로 임명을 받아 해주에 부임했다. 그동안 이북에서는 조선인민공화국이 세워지고 공산 정부가 들어섰다. 그들은 종교의 자유를 보장한다고 선전하며 관변 단체인 '북조선기독교도연맹'을 설립해 천주교도 이에 가입하기를 종용하고 있었다. 그러나 홍용호 주교는 전 평양 교구민들에게 분명히 천명했다. '우리 천주교는 기독교도연맹에 가입하지 않을 것이다. 전 신자들도 절대 가입하지 말라!'고 명했다.

북한 정권은 특별히 해주본당 김철규 신부를 포섭하고자 애썼는데 김 신부를 연맹 중앙위원으로 위촉한다며 위촉장을 보내왔다.

평양교구 사제단

평양에서 열리는 북조선기독교도연맹 회의에 참석하라는 통지서와 기차표와 여비까지 동봉하여 보내는 등 공산당의 끈질긴 회유와 협박이 이어졌다. 더 이상의 사목 활동이 불가능하다고 판단하고 김 신부는 서울로 돌아와 노기남 주교의 비서로 일했다.

진남포 이야기 - 우리는 유대철처럼 될 거야!

평양에 남으라는 명을 받은 우리 차부제 둘 가운데 나는 진남포본당, 장선홍 차부제는 기림리 주교관을 지키는 임무를 받았다. 나는 진남포본당으로 가서 조문국 주임신부 곁에서 교우들을 돌보는 일을 거들었다. 사제관에서 지내며 아직 서품을 받기 전이었지만 보좌신부 비슷한 모양새를 갖추기 위해 수단을 입고 지냈다. 상황은 더욱 심각하게 돌아가는 것 같았다. '어느 본당신부님이 언제 잡혀갔다.'는 소식들이 연일 들려왔다. 불안한 마음이었지만 각오를 다지며 하루하루 성무를 충실하게 해나갈 뿐이었다.

그날은 6월 5일 성령 강림 대축일을 하루 앞둔 토요일 오후였다. 매주 토요일마다 주일학교를 열고 있었는데 성당 마당에는 언제나처럼 아이들이 놀고 있었다. 그런데 열린 창문

너머로 뭔가 심상찮은 소리가 들렸다. 평소답지 않게 아이들이 다투고 있는 것 같았다.

"유다스! 유다스! 너는 배신자야!"

"너는 하느님을 배신했어! 이제 너는 우리 친구가 아니다!"

도무지 들어보지 못했던 소리였다.

"우리는 너처럼 배신할 바에는 차라리 치명자가 될 거야! 유대철 같은 치명자! 우리는 차라리 그렇게 될 거야!"

이게 무슨 소린가? 나는 귀를 기울여 들었다. 아이들이 유대철 같은 치명자가 되겠노라고 맹세를 하고 있지 않은가!

유대철 베드로는 한국의 순교자 중 가장 어린 순교자였다. 역관이던 부친 유진길의 장남으로 태어나 기해박해 때 아버지가 체포되자 자신도 기꺼이 순교의 길로 따라나선 소년이다. 1839년 7월경 아버지와 다른 교우들의 체포 소식을 듣고 자신도 천주교 신자라며 관헌에게 자수하였다. 관헌들은 소년에게 배교한다는 말을 하게 하려고 온갖 모진 형벌을 가했지만 용감한 어린이의 마음은 흔들리지 않았다. 그해 10월 31일 형리에 의해 죽임을 당했을 때 유대철 베드로의 나이는 겨우 14살이었다. 유대철은 1925년 7월 5일 교황 비오 11세에 의해 시복되었는데 (1984년 교황 성 요한 바오로 2세에 의해 시성되었다. 그는 103위 성인 중 가장 어린 순교자이다.) 진남포본당의 어린아이들에게 복자 유대철은 낯익은 이름이었다. 당시 조문국 신부는 공산당의 압박에 시달리는 본당 교우들의 신심을 강화하기 위해서 매일 저녁 만과(저녁기도) 때 순교자전을 읽게 하고 있었다. 어린아이들은 소년 순교자 유대철의 삶에 크게 감화를 받고 있었다.

나는 급히 사제관에서 나와 성당 마당으로 갔다.

"얘들아, 그렇게 화내지 말고 차분하게 무슨 일인지 이야기를 해봐야 하지 않겠니?"

흥분한 아이들이 씩씩거리며 말했다.

"이○○가 오늘 학교에서 무신론을 주장하면서 자기는 비과학적인 종교를 버린다고 선언했어요. 하느님을 버리면 배신자 유다스잖아요! 그래서 우리가 유다스라고 한 거예요."

나는 아이들을 주임신부님 앞으로 데리고 갔다.

조문국 신부님이 아이들에게 자초지종을 설명하라고 하셨다.

아이들의 이야기에 따르면 그날 학교에서 갑자기 소년단 모임을 한다고 부르더니 '영웅 소년 ○○○ 환영대회'를 했다고 한다. 개신교 신자 아이 한 명과 천주교 신자 아이를 앞으로 나가게 하여 '종교를 다 버립니다'라는 내용으로 담임 선생이 준비한 선언서를 낭독하도록 했다는 것이다.

그 자리에서 이를 지켜본 같은 반 교우 아이들이 성당에 와서 친구들에게 그 이야기를 전하면서 난리가 난 것이다. 성당 마당에 놀고 있던 아이들이 종교를 버린다고 선언한 아이에게 '유다스, 배신자 유다스!'라고 손가락질을 해댔다. 은전 서른 닢에 예수를 팔아넘긴 유다를 말하는 것이었다.

조문국 신부님은 즉시 아이의 아버지를 불러서 물어보았는데 그 아버지도 처음 듣는 이야기라며 어쩔 줄 몰라 했다.
"신부님, 그런데 우리 아이한테 물어보니 자기는 선생님이 시키는 대로 했다고, 이제 잘못했다고 합니다. 친구들한테도 그렇게 말했는데 아이들이 계속 유다스라고 하면서 상종을 안 해 준다고 하면서 저렇게 울고 있습니다."
사연을 다 듣고 난 조 신부님은 조용한 목소리로 해결책을 내놓으셨다.
"아이들이 유다스라고 상종을 안 한다고 하니 이거 큰일입니다. 그렇다면 공적 고백을 하게 해보는 게 좋겠습니다. 이따 저녁 만과 시간 때 교우들이 다 모이면 그 앞에서 하도록 합시다."
그날 저녁 만과 시간이 되었다. 다 함께 모인 신자들 앞에서 조문국 신부님이 설명했다.
"오늘 이○○이 학교에서 강제로 배교 선언을 하게 되었습니다. 하지만 그건 마음에서 우러나 한 것이 아니라 선생님의 강요에 못 이겨 억지로 한 것입니다. 지금 이○○도 뉘우치고 있습니다. 친구들은 더 이상 그를 나무라지 말고 친구로 받아들여 전처럼 사이좋게 형제의 사랑으로 지내야 합니다. 이제 ○○에게 공적 고백성사를 주겠습니다."

말씀을 마친 조 신부는 고백소로 들어갔다. 아이도 신부님을 뒤따라 고백소로 들어갔다. 신자들은 고백소에서 일어날 일을 상상하면서 조용히 기다렸다. 잠시 후에 성사를 본 아이가 나오고 조 신부도 나왔다. 어떤 보속을 주었는지는 알 길이 없었다.

"이 아이는 자신의 죄를 뉘우쳤고 하느님도 ○○을 용서하셨습니다. 그러니 우리도 ○○의 잘못을 논할 수 없습니다. 다 그전처럼 지내야 합니다."

교우들은 하느님의 자비와 은총을 되새기며 조용히 만과 기도를 마치고 각자 집으로 돌아갔다.

공산당의 반종교 정책은 아주 치밀하고도 철저하게 이루어졌는데 천주교나 개신교 학생들이 주일을 지키지 못하게 하는 것도 그중에 들어갔다. 소풍을 간다, 영화를 보여준다, 무슨 특별 행사를 한다 하면서 일요일마다 아이들을 학교로 불러냈다. 이상한 행사를 벌여 아이들에게 공개적으로 반종교 선언을 하도록 하고, 천주교 신자라고 밝히면 여러 가지 불이익을 주었다. 더구나 천주교 신자 학생들에게 상급학교 진학은 어려운 일이 되고 말았다. 어른들도 천주교 신자라는 게 밝혀지면 하루아침에 직장에서 쫓겨났다. 교우들은 저마다 신앙을 지키는 일이 어떤 의미인지 서서히 깨닫고 있었다. 옥죄어 오는 공산당의 손아귀에서 천주님에 대한 믿음을 지키기 위해서는 순교를 각오해야 하는 일인지도 몰랐다.

나는 남북 분단 후 오랜 세월을 살아오면서 아직도 북한에 진짜 신자가 남아있다고 생각하느냐 하는 질문을 받을 때가 있다. 그때마다 나는 성당 마당에서 외치던 아이들의 목소리를 떠올리며 그 이야기를 해주곤 한다.
"나도 유대철같이 될 거야! 나는 목숨을 바치더라도 배신자는 안 될 거야!"
자신의 신앙을 지키겠다고 소리치던 아이들, 죽음과도 맞바꾸겠다는 결의로 소리치던 아이들의 그 믿음이 분명히 북녘땅 깊은 곳에서 강한 생명력을 이어가고 있을 것이라고 믿고 있다.

신부님을 지키는 신자들

만약 내가 '이북의 박해받는 천주교'라는 제목으로 영화를 만든다면 이런 장면으로 시작하고 싶다.

'진남포성당 옆으로 넓은 마당이 있고 그 아래 언덕에는 아카시아 나무가 우거져서 그늘을 이루고 있다. 그 그늘 아래 할머니 둘이 앉아서 물레질을 하고 있다. 하지만 할머니 두 분은 물레질은 건성인 양하고 주변을 살피느라 바쁘다. 이상한 사람들이 몰래 들어와 본당신부를 잡아가지나 않을까 노심초사 문전을 지키는 중이다. 그러다가 수상한 자가 나타나면 교우들을 부르러 쏜살같이 내려갈 것이다. 아랫동네에 사는 교우들은 언제나 성당 언덕으로 올라올 태세가 되어있었다.'

사실 이런 장면은 상상이 아니라 당시 북한 지역 성당 곳곳에서 수시로 일어나고 있던 일이었다.

그날도 평양시 인민위원회 사람이 진남포성당으로 찾아와 조 신부를 잠깐 모시고 가겠다고 했다.

"무슨 일이십니까? 여기서 이야기하면 되지 않습니까?"

성당을 지키고 있던 교우들이 즉시 그 사람을 둘러쌌다. 그중에는 나의 아버지 윤 회장도 계셨다. 아버지는 회장직은 내려놓으셨지만 여전히 성당 일을 앞장서 보고 있었다. "신부님께 양로원 명단을 좀 확인해야 할 일이라서 … 잠깐만 갔다 오시면 되겠습니다."

인민위원회 직원은 막무가내로 사제관 쪽으로 가려고 했다.

윤 회장이 그 사람을 쫓아가며 말했다.

"지금 신부님께서는 고해성사를 주고 계시는 중이라 연락을 드릴 수가 없습니다. 사무가 있으면 여기서 기다리시오."

그러자 교우들이 전부 고해소 앞으로 가서 길게 줄을 섰다. 교우들은 가능하면 아주 느릿느릿 고해소 안으로 들어갔고 아주 천천히 성사를 보고 나와서는 다시 뒤로 돌아가 줄을 섰다. 일부러 시간을 지체시키려는 작정이었다. 마침내 조 신부가 고해소에서 나오자마자 기다리고 있던 인민위원회 직원은 조 신부를 모시고 가겠다고 했다.

"신부님 잠깐만 왔다 가시면 됩니다. 걱정하실 것 없습니다. 어서 가시지요"

조 신부가 이렇게 말했다.

"그래요? 그렇다면 여기 우리 교우들이 걱정하고 있으니 이분들에게 그렇게 약속 지키겠다고 문서로 하나 쓰시오."

그 직원이 종이에다가 뭐라고 끄적이더니 넘겨주었다. 그것을 받아든 조 신부는 윤 회장에게 건네주면서 말했다.

"이렇게 썼으니 걱정하지 마세요. 내가 갔다 오겠습니다."

그렇게 조 신부는 직원을 따라갔다. 밤이 되도록 신부님이 돌아오지 않아 교우들은 신부님이 잡혀갔다고 생각했다. 그날 밤 나는 신자들을 데리고 성당으로 들어가 교우들에게 성체를 나누어 주어 받아 모시게 하고 감실을 비웠다. 다행히 그날 밤늦게 조문국 신부님은 성당으로 돌아오셨다.

조 신부님이 인민위원회 직원을 따라갔을 때 성당의 젊은 이들도 동행했다. 젊은 교우들은 자신들도 체포될 각오를 하고 신부님을 따라나섰다. 나중에 그들이 돌아와 전해준 바는 이랬다.

인민위원회에 도착하여 그 직원이 2층 사무실로 올라가 위원장에게 보고하는 게 들렸다. 곧이어 위원장이 야단치는 고함이 들렸고 위원장이 내려와서는 어쩔 줄 몰라 했다.

"조 신부님, 아이고 이렇게 모시는 게 아닙니다. 우리 직원이 실수를 했습니다. 정말 죄송하게 되었습니다."

위원장이라는 자는 연신 머리를 조아렸다.

"위원장님, 그러지 마시고 일을 보시지요. 제가 이왕 오지 않았습니까?"

조 신부님은 침착하게 말했다.

"아이구, 조 신부님, 그런 게 아닙니다. 무슨 말씀을 하십니까. 그냥 돌아가시지요."

그들은 비밀리에 신부님을 잡아가려고 했지만 실패하고 말았다. 지켜보는 이들이 너무 많았다. 그들은 종교의 자유를 보장한다고 떠들고 있었으니 종교인을 박해하는 행동을 보이고 싶지 않았던 것이다.

조문국 신부님

나는 몇 달간 조문국 신부님을 모시고 사제관에서 함께 생활했다.

조문국 신부

그러던 어느 날 저녁 조 신부님이 나를 부르시더니 말씀하셨다.

"빅토리노, 이제 윤 부제도 신학 공부를 다 했으니 내게 의견을 말해주면 좋겠어. 윤 부제 의견을 들어보고 내가 결정을 하려고 한다."

무슨 말씀을 하시려나 생각하며 귀를 기울였다.

"홍 주교님 살아계실 때, 내가 주교님 비서로 일할 때, 주교님께서 이런 말씀을 하셨어. '이제 북한 교회가 박해를 받아 이북 신부들이 다 잡혀가게 되면, 평양교구 신부 중에 누군가 이남으로 가 있으면서 평양교구 재건을 위해 준비를 해야 하지 않겠는가? 평양교구의 미래를 생각해봐야 하지 않겠는가' 이런 말씀을 하셨지. 요즘 그런 생각이 드는 거야. 혹시 내가 그 사명을 받은 게 아닌 건가, 주교님께서 그 말씀을 내게 하셨으니 말이야."

그리고 덧붙이셨다.

"그런데 이게 유혹인지도 모른다. 내가 살고 싶으니까 그런 생각이 드는 것인지도 모르겠다…"

조 신부님은 잠시 아무 말씀 없으시더니 이어서 말씀하셨다.

"윤 부제 의견을 들어보고 싶네. 내가 한번 들어보고 결정하려고 한다. 어떻게 결정하든 후회하지 않을 거야. 여기 남아서 잡혀가게 되더라도 그 결정에 후회하지 않을 거네."

"네, 알겠습니다. 신부님 말씀 무슨 뜻인지 잘 알겠습니다. 생각을 해보고 말씀드리겠습니다."

나는 그날 밤 몇 시간 동안 기도하면서 조문국 신부님의 말씀을 헤아렸다.

이틀이 지나서야 나는 조 신부님께 내 생각을 말씀드릴 수 있었다.

"신부님, 저는 신자들의 입장에서 생각해 보았습니다. 이제 공산당의 박해가 더욱 심해지는 가운데 신부님이 월남하시는 것과 본당에 남아 계시는 것 중에 어느 쪽이 신자들에게 더 힘이 되고 신자들의 신앙심을 굳건하게 해줄 것인가 하는 것입니다. '우리 신부님은 그래도 남쪽으로 가셔서 무사히 살아 계신다.'는 것과, '우리 신부님도 끝까지 우리 곁에 있다가 잡혀가셨다, 우리와 함께 교회를 지키다가 끌려가셨다.' 하는 것 중에 아무래도 신부님이 끝까지 함께 계시다가 잡혀가셨다는 것이 신자들의 마음에 힘이 되지 않겠습니까?"

나의 말을 끝까지 듣고 있던 조 신부님은 고개를 끄덕이면서 말씀하셨다.

"알았다. 윤 부제의 말이 무슨 뜻인지 잘 알았어. 내가 이제 다른 생각을 하지 않겠다."

조문국 신부님은 끝까지 신자들 곁을 지키기로 결정을 내리신 다음에 바로 윤 회장을 따로 불러 말씀하셨다.

"그동안 제가 피난 가는 길을 알아보라고 한 것은 이제 전부 없던 것으로 하십시오. 이제 그럴 일은 없습니다."

조 신부님은 배편을 통해 남쪽으로 내려오려던 월남 계획을 다 취소하셨다. 그 이후 조 신부님은 진남포본당에서 한 발짝도 움직이지 않고 본당과 신자들을 지키셨다. 그로부터 반년쯤 지나고 나서 공산군은 진남포본당을 빼앗더니 그다음에는 사제관도 빼앗아 마침내 조 신부님은 지낼 곳마저 잃게 되었다. 신부님은 성당 아래 교우 동네에 살고 있던 요셉이라는 목수 교우 집에 거처를 옮겨 지내고 있었는데 6·25 발발 하루 전인 6월 24일 밤에 잡혀가셨다. 이미 모든 것을 각오하고 여름철이지만 솜바지 저고리까지 준비하시고 계셨던 신부님은 그 옷을 걸칠 사이도 없이 갑자기 들이닥친 인민군들에게 끌려가셨다. 다음날 신부님이 없어진 것을 알게 된 교우들은 땅을 치며 통곡하였다.

나는 조문국 신부님 생각을 늘 한다. 그분을 생각하면 인간적으로 내 책임이 참 크다는 생각이 든다. 이 모든 것이 하느님 뜻 안에서 이루어졌겠지만 그래도 나는 항상 그분의 뜻을 내 나름대로 헤아려 본다. 조문국 신부님은 참으로 성덕이 크신 분으로 하느님의 뜻을 따라 살다 가신 것이다.

월남 계획을 세우다

나는 고향 본당을 지키며 신학교 폐쇄 이후 몇 달 동안 불안한 나날을 보내고 있었다. 김필현 부감목님의 명을 받아 진남포본당에서 조 신부님과 함께 지내고 있었지만 김필현 부감목님도 우리를 만나고 나서 한 달도 안 된 1949년 6월 1일에 공산당에 잡혀가셨다. 이제 교구 책임은 김필현 부감목님과 함께 로마 유학을 하신 박용옥 대신리 주임신부님이 이어받게 되었다. 사정을 보니 점점 위험해지는 것은 분명한 사실이었다. 부제들마저 잡혀가게 될 것을 염려한 박 신부님은 나와 장선홍 부제를 불렀다.

"너희 부제 둘도 이제는 남아있으면 안 되겠다. 남쪽으로 내려갈 수 있으면 내려가거라!"

그러던 중에 박 신부님마저 12월 초에 잡혀가셨다. 공산당은 시시각각 초를 다퉈 교회의 목을 조르고 있었다. 평양 교회에 이제 사제라고는 한 명도 남지 않게 될 것 같았다. 나와 동기로서 주교관을 지키고 있던 장선홍 부제도 이제 남쪽으로 가야겠다는 생각을 하고 있었지만 어떻게 해야 할지 막막하기는 나와 매한가지였다.

쓸쓸한 해가 저물고 1950년 새해가 되었다. 북녘의 추위가 더욱 매섭게 느껴지는 1월 어느 날이었다. 평양 주교관을 지

장선홍 신부

키고 있던 장선홍 부제로부터 연락이 왔다. 얼른 평양으로 오라는 전갈이었다.

서둘러 주교관으로 가니 장선홍 부제가 중요한 소식을 전해주었다.

"오늘 서울에서 온 안내자가 교구청에 왔어. 서울 메리놀회 신부님들 부탁을 받고 온 사람들이야. 서울에서 평양에 남아있는 신학생들을 데려오라고 했다면서 자기가 안전하게 데려다줄 테니 38선을 넘자고 하는데 말이야, 어떻게 생각하는가? 그 사람들을 따라가 보면 되지 않을까?"

일제에 의해 본국으로 추방되었다가 해방 이후 서울로 다시 돌아온 메리놀회 신부들은 평양교구를 돕기 위해 여러 방도로 손을 쓰고 있었다. 먼저 평양교구에 남아있는 신학생들을 서울로 데리고 오는 일이 급했다. 메리놀회는 38선 안내자들을 구했다. 당시 38선을 몰래 오가며 서울에서 마이신이나 페니실린 같은 귀한 약품을 구해다가 평양에다 파는 일을 하는 이들이 있었는데 이들이 돈을 받고 월남자 안내 역할도 하고 있었다. 이 안내자가 평양교구청에 와서 장 부제를 만난 것이다.

"그럼 그 사람이 우리를 서울로 데리고 갈 수 있다는 말이야?"

"그렇지, 그 사람들과 함께 가면 확실하게 월남할 수 있다는 거야! 혹시 잡히더라도 자기들이 문제없이 꺼내 줄 수 있다는 거야."

그러면서 장 부제는 그 안내자를 만나기 위한 계획과 안내자 신상에 대해서도 자세하게 알려주었다.

"그의 이름은 이승원이고, 키는 윤 부제와 비슷하고 옷은 카키색 잠바를 입었는데 소매와 몸통 색깔이 좀 다른 것이야."

장 부제는 더욱 목소리에 긴장을 실어서 말해 주었다.

"내일 저녁 7시 정각에 상수구리에 있는 신흥여관에 가면 그 사람이 기다리고 있을 것이야. 신흥여관 7시!"

상수구리는 평양 시내에 있는 동네다. 내게 상수구리는 익숙한 곳이었다. 이 동네에 있는 성모보통학교를 예비 신학생이었을 때 1년이나 다녔기 때문이다. 그러나 혹시라도 저녁 어두울 때 찾기가 어려울 수 있겠다는 생각에 먼저 가서 신흥여관의 위치를 봐두었다.

장 부제는 지 다니엘에게도 연락해 두었다고 했다.

지 다니엘은 몇 달 전에 두 번이나 월남하려다가 붙잡혀서 감옥살이를 하고 겨우 풀려나 월남행을 거의 포기하고 중화의 집에서 지내고 있었다. 장 부제의 연락을 받고 지 다니엘도 급히 평양 주교관으로 왔다. 장 부제를 만나 이야기를 듣고 난 후 저녁때가 되어서야 우리 둘은 만났다. 우리는 신흥여관에서 멀지 않은 곳에 있는 조그만 중국 식당에서 만나 평양에서 최후의 만찬이 될지도 모를 식사를 자장면으로 했다.

안내자를 만날 시간이 다가오자 긴장으로 온몸이 굳을 지경이었다. 지 다니엘은 식당에서 기다리기로 하고 나 혼자서 7시 정각에 맞추어서 신흥여관으로 갔다.

한옥으로 된 여관이었는데 나무 대문을 열고 들어가니 대문 여는 소리가 "삐익~" 하고 울렸다. 안뜰에 들어가니 여관 방문이 여러 개 보이는데 그중에 첫 번째 방에서 젊은이가 나왔다.

얼핏 쳐다보았는데 판단이 서지 않았다. 낮에 장 부제에게 들었을 때는 안내자 이승원이 잠바를 입고 있고 그 소매와 몸통 부분이 색깔이 다르다고 하였는데 전혀 그렇게 보이지 않았다. 하지만 다급한 순간이었다. 머뭇거리다가 혹시라도 여관 주인이 나오면 문제가 생길 수 있었다. 그 당시에는 어느 여관이든지 숙박을 하려면 즉시 숙박자 명단에 이름을 기재해야 했다. 당국에 보고하기 위해서였다.

나는 주저할 수가 없어서 다시 한번 쳐다보고 바로 물었다.

"이승원이오?"

그 안내자는 아주 어린 티가 나는 얼굴이었다. 나중에 알고 보니 그는 겨우 열아홉 살이었다. 그는 대답 대신 손짓을 하며 어서 방으로 들어오라고 했다. 나는 따라 들어갔다. 방 안에는 키가 좀 큰 사람('키 큰이')이 같이 있었다. 그래서 말을 꺼내지 못하고 그냥 물었다.

"이 방에 계십니까?" 하고 물으니 그 '키 큰이'가 밖으로 나갔다.

둘만 있게 되자 나는 대뜸 이승원에게 물었다.

"어떻게 가는 것이냐?"

이승원이 대답했다.

"내일 오후 3시에 기차를 타고 금교(38선 전의 마지막 역)로

와라. 거기서 만날 것이다. 만일 기차에서 조사를 받거나 무슨 문제가 생기더라도 우리가 꺼낸다. 혹시 '금교에는 왜 가느냐?'고 조사를 받게 되면 금교 삼촌 집에 간다고 해라."

그러면서 그는 주소가 적힌 쪽지를 내게 주었다.

나는 재빨리 말했다.

"사실 같이 갈 사람이 하나 더 있는데 이제 내가 나가서 그 사람과 상의를 하고 결정을 하겠다. 혹시 우리가 안 갈 것으로 결정하더라도 나는 내일 금교로 가는 그 기차를 꼭 탈 것이다. 만일 우리가 월남하지 않기로 할 경우에는 당신이 물건을 가져왔다는 확인을 해주는 표시(쪽지)를 당신에게 주고 나서 나는 기차에서 내릴 것이다."

이승원이 내 말을 다 듣고 나서 말했다.

"꼭 갑시다. 남에서 이번에는 꼭 사람을 데려오라고 부탁했습니다."

나는 여관에서 나와서 중국 식당에서 기다리고 있는 지 다니엘을 만나 그 안내자와 나눈 이야기를 했다.

"어떻게 할까?"

나는 약간은 걱정스러운 표정으로 물었다.

"뭐, 월남하는 길이 안전한 길이 어디 있겠나! 모험이지!"

지 다니엘이 머뭇거림 없이 말했다.

"그래! 해보자!"

우리 둘은 가기로 결정했다.

나는 우리가 금교로 가는 동안 함께 한자리에 있는 것은 여러 가지로 의심을 살 위험이 있으니 따로따로 행동하는 것이 좋겠다고 생각했다.

그래서 구체적으로 계획을 세웠다.

"안내자들은 분명 본평양역에서 탈 것이다. 그러니 다니엘은 한 역을 앞질러서 서평양역에서 타라. 나는 한 정거장 더 나가서 대동강역에서 타겠다."

그렇게 약속을 한 다음 우리 둘은 헤어져서 그날 밤을 각각 다른 데서 지냈다. 나는 선교리에 있는 외할머니댁에서 밤을 보냈다. 다음날 오후 3시에 각각 다른 역에서 같은 기차에 올랐다. 나는 시간에 맞춰 대동강역으로 나가 기차표를 사야 했는데 금교까지 가는 기차표를 사는 자체가 좀 위험스러운 일이었다. 금교가 남쪽으로 가기 전 마지막 역이었으므로 금교에 살지 않는 사람이 금교까지 가는 표를 달라고 하면 월남자로 의심하여 신원 조사를 하려고 할지도 몰랐다. 다행히 나는 별문제 없이 금교까지 가는 기차표를 살 수 있었다.

기차에 올라탄 나는 지학순을 만나는 게 급선무였다. 어제 신홍여관에서 나 혼자 안내자를 만났기에 지학순은 안내자의 얼굴도 모르고 있었다.

　나는 뒤에서부터 기차 칸을 하나씩 훑어나가며 지학순을 찾았다. 기차에는 사람들이 꽤 많이 타고 있었다. 기차 안은 얼음 창고같이 추웠다. 1월 중순의 한파가 얼마나 매서운지 그냥 앉아 있어도 이가 딱딱 부딪힐 정도였다. 두어 개 칸을 지나서 마침내 지학순을 찾았다. 다니엘은 마치 농부처럼 흰 두루마기 차림에 방한모를 쓰고 창가에 앉은 채 여유롭게 사과를 먹고 있었다. 나는 그 옆을 스쳐 지나가면서 헛기침을 했다. 그 기침 소리에 눈치를 챈 지학순에게 작은 소리로 말했다.

　"내가 바로 앞 칸에 타고 있을게."

　"그래 알았어."

　기차가 달리는 동안 내무성 조사원이 승객들을 검문하고 있었지만 우리 둘 다 무사히 넘어갔다. 하지만 안심은 일렀다. 금교역을 향해 달리던 기차가 정차를 했다. 신막역이었다. 신막에서는 금교까지 가려면 일단 내렸다가 다시 타야하는 절차가 기다리고 있었다. 기차에서 내린 승객들을 한 줄로 세워 놓고 내무서원들이 신분증을 요구하며 일일이 심문하였다. 어디로 가느냐, 왜 가느냐 등등의 질문을 해댔다. 내 앞에 가던 사람들은 무사히 통과했다. 지 다니엘도 무사히 나가 출구 목책 너머에서 기다리고 있는 게 보였다. 내 순서가 되었다. 신분증을 받아 든 내무서원이 날카롭게 나를 바라보면서 물었다.

"어디 있는 사람이오?"

그때 나는 양복에 외투까지 차려입고 방한모에 안경을 쓰고 있었다. 내 옷차림이 이목을 끌었나 하는 생각이 들었다. 내무서원 앞에 서니 입에 침이 말랐다.

"함경남도 문천이오."

내 공민증에는 당연히 신학교 주소가 적혀있었다. 신학생 신분이 드러나게 되었다.

"아니 이거 … 잠시 기다려 보오!"

내무서원은 뒤에 있던 사람들은 먼저 내보내고, 나에게는 뒤쪽으로 물러나 있으라고 손짓했다. 초조하게 기다리면서 입구 쪽을 보니 어제 만났던 이승원과 그 '키 큰이'가 나를 찾는지 두리번거리고 있었다. 그들은 즉시 나를 알아보고 '키 큰이'가 목책 밑으로 들어와 내무서원 눈앞에 자신의 신분증을 내밀었다.

내무서원은 '당신들 1월부터 … 뭐라고? 뭐라고?' 하더니 나에게 '누구요?' 하고 물었다. 내가 '윤!'이라고 했더니 손안에 있던 공민증을 뒤적뒤적하더니 내 것을 찾아 아무 말 없이 나에게 돌려주었다. 그렇게 역에서 무사히 나올 수 있었다.

우리는 신막역에서 나와 가까운 곳에 있는 한옥집 식당에서 저녁을 먹었다.

그때 '키 큰이'가 말했다.

"이제 기차를 다시 탈 때부터는 내 뒤를 바싹 따라오시오."

그리고 이승원은 우리에게 다시 일러주었다.

"금교역에서 내려서는 우리와 즉시 헤어질 것이오. 그다음에는 북면에 있는 우리 집으로 찾아가시오. 나는 좀 더 늦게 집으로 갈 것이오."

금교역에서 내린 우리는 이승원이 가르쳐 준 대로 그의 집을 찾아갔다. 벌써 늦은 저녁 시간이 되어 어둑어둑한 때가 되었다. 다니엘과 나는 어렵지 않게 그 집 앞에 다다랐다. 방 한 칸에 부엌이 딸린 작은 초가집이었다. 우리가 방문 앞에 서서 '계십니까?' 하고 물었다. 방문이 열리면서 할머니 할아버지가 내다보았다. 우리가 '이승원이가 보내서 왔습니다.' 하니 들어오라고 했다. 그날 밤은 그렇게 그 집에서 지냈다.

아침이 되어 일찍이 이승원이 들어왔다. 금교에서 우리가 혹시 내무서에 붙잡히지 않았나 하고 열 곳을 찾아다녔다고 했다. 아침 식사가 끝나자 이승원이 말했다.

"38선을 넘겨줄 사람이 평양에 갔는지 지금 집에 있지 않아서 며칠 기다려야 할 것 같소. 그러니 다시 금교에 돌아가서 며칠을 지내야 하겠소."

우리는 아침 식사를 끝내고 다시 금교 읍내로 들어가서 언덕 위에 있는 어느 집으로 들어갔다. 안마당도 있고 꽤 넓은 집이었다. 그 집은 우리를 안내해주는 팀의 팀장 격인 김구연이라는 사람의 집이었다. 우리를 안내해주는 일을 하는 이들은 네 사람이 한 팀이었다. 이승원과 그 '키 큰이'와 김구연 팀장, 그리고 이북의 맨 마지막 동네에서 바로 38선을 넘어가도록 해주는 '조씨'라는 이였다. 우리가 기다리는 이가 '조씨'였다. 이들 4명은 한 팀이 되어서 월남하는 사람을 안내해주는 일로 돈을 벌고 있었다.

그 집은 꽤 넓은 안방과 또 조그만 골방이 있었는데 우리는 그 골방에서 며칠을 지내게 되었다. 숨어서 기다리는 일은 여간 고역이 아니었다. 쥐 죽은 듯이 숨어 있어야 하는데 기침이 자주 나왔다. 안 해야겠다 싶은데 참을수록 기침은 쿨럭쿨럭 더 나왔다. 지 다니엘이 내게 기침을 참으라고 연신 주의를 주었다.

"기침하지 마! 그렇게 기침을 해대면 우리가 숨어 있는 줄 밖에서 다 듣고 알 텐데 말이야!"

"기침을 어떻게 참아?"

내가 안타까운 표정으로 물었다.

"그럼 이불에다가 입을 대고 기침을 해봐! 내가 전에 감옥에 있을 때 배운 거야!"

지 다니엘이 말해준 대로 이불에 대고 기침을 했더니 과연 푹! 푹! 헛김만 새어 나오면서 기침 소리가 덜 났다. 지학순은 해주에서 내무서에 붙잡혀 석 달간이나 감옥살이를 한 적이 있었다.

그렇게 사흘인가 숨어 지내던 중에 다행히 38선을 마지막에 넘겨주는 안내자 조씨와 연락이 닿았다고 했다. 조씨라는 이는 공산당 세포 조직원이면서 남파 간첩이 38선을 무사히 넘어가도록 인도해주는 역할을 맡은 사람이었다. 우리는 곧 떠나기로 하고 팀장 김구연도 우리와 함께 가기로 했다. 우리가 팀장에게 '보수'로 해줄 수 있는 것은 남한에서 팀장의 신분을 보증해주고 자유롭게 지낼 수 있도록 해주는 것이었다.

우리가 팀장 집에서 숨어 기다리는 동안에 이승원은 '남으로 내려가라'는 본부로부터 '지령'을 받았다고 했다. 그래서 이승원에게 우리 증명사진을 건네주었다. 그는 우리가 38선을 넘어 첫 번째로 이르게 될 남쪽 초소에 우리 둘의 사진을 맡겨 두겠노라고 했다. 그리고 이승원과 헤어졌는데 그 후 이승원과의 연락은 완전히 끊어졌다. 그는 사라지고 말았다.

나와 다니엘, 김구연 팀장 이렇게 셋은 마지막 날 오후 늦게 길을 떠나 북한의 마지막 동네로 가서 우리를 월남시켜줄 '조씨'의 집에서 저녁을 얻어먹고 어둠이 완전히 짙어진 밤에 조씨와 함께 집을 나섰다. 동네를 벗어나는 곳에 감시 초소(움막)가 있었는데 우리가 지나갈 때 안에서 '누구요?' 하는 소리가 들렸다. 조씨가 '나야! 나야!' 하고 큰 소리로 응답하니까 아무도 움막 밖을 나오지 않았다. 우리는 계속 걸었다. 눈이 많이 와 바닥이 얼어 있어서인지 논밭길을 걸어가는데 저벅저벅 소리가 크게 났다. 우리는 조마조마하면서 말없이 그냥 걸었다. 얼마를 가다가 조씨가 멈춰서더니 말했다.

"나는 여기서 돌아가겠소! 조심히 잘 가시오!"

그는 우리와 헤어져 자기 동네 쪽으로 떠났다. 눈으로 얼어붙은 겨울 밤길을 신학생 둘과 팀장이 어둠을 뚫고 조심조심 걸어갔다. 길을 잘 아는 팀장이 앞장서서 걸었다. 몇 굽이를 돌아 얼마 뒤에 달구지가 다닐만한 좁은 길이 하나 나왔다. 그 길을 따라 한참을 갔더니 앞에 협궤철도 기차의 레일 위로 쇠줄 하나가 길을 가로막고 걸려 있는 것이 보였다.

"이것이 바로 38선이오! 이렇게 넘어가면 되오! 자, 조심해서 넘으시오!"

팀장이 앞에서 줄을 넘으며 말했다. 우리는 팀장의 말을 따라 아주 조심스레 38선을 넘었다.

나는 속으로 '데오 그라씨아스! 하느님 감사합니다!'라고 기도드렸다.

안도의 숨을 쉬면서 한편 허탈한 마음이 들었다.

고작 이 한 가닥 '철제 가름대' 때문에 우리가 그렇게 고통

38선

받으며 지내야 하는 것인가 하는 생각이 들었기 때문이다.

드디어 우리는 38선을 넘어 남쪽 땅을 밟았다. 하지만 아직 마음을 놓기에는 일렀다. 한 단계를 더 지나야 했다. 긴장을 풀지 못하고 조심조심 걸음을 옮기고 있는데 팀장이 걸음을 멈추고 우리에게 말했다.

"이제 몇 발자국 더 걸어가면 남쪽의 첫 초소(움막)가 됩니다. 우리의 발소리를 듣고 '누구야' 하면서 사람이 나올 것입니다. 그러면 즉시 두 팔을 번쩍 들고 '월남자요' 하며 크게 말해야 합니다."

그의 말을 명심하고 몇 발자국 옮기고 있을 때였다.

"누구야!"

저쪽에서 소리치는 게 들렸다. 국방군이었다. 한 사람은 군복을 입고 또 한 사람은 사복 차림이었다. 군복을 입은 군인은 총을 들고 있었다.

우리는 안내자가 가르쳐준 대로 즉시 멈춰선 채 두 손을 높이 들고 말했다.

"월남자요!"

군인이 총을 겨누고 말했다.

"두 손을 높이 드시오. 손 내리면 쏩니다."

그들은 우리를 초소로 데리고 가서 몸을 수색했다.

"우리는 종교인입니다. 여기 증명서와 사진을 맡겨놓았을 텐데요. 한번 찾아봐 주십시오."

"여기 그런 거 없습니다."

"저희는 우리보다 먼저 온 사람에게 사진과 증명서를 맡겨두라고 부탁했는데요. 그리고 저희가 월남하면 국방부 2과의 김 대위를 찾아가라고 했습니다."

"그래요? 국방부 2과라면 다른 초소로 가셔야 합니다."

군인들은 우리를 다른 초소 쪽으로 안내했다. 그곳은 국방부 2과의 파견소였다. 그곳에서 국방부 2과 김 대위 이야기를 했더니 무사통과였다.

"아, 어서 오십시오. 오시느라 수고 많으셨습니다."

초소에서 군인들이 보위과로 가면 북한 쪽 쌀값이 얼마인지 물을 때 잘 대답해야 한다고 겁을 주었지만 보위과 군인들은 매우 친절했다. 북한에서 가져온 공민증을 보여주면서 종교인들이라고 하니 고생했다면서 초소처럼 보이는 초가집으로 데리고 가서 저녁밥도 주고 잠자리도 내주었다. 그렇게 검문 초소에서 하루를 지냈다.

드디어 서울에

다음 날 아침 군인이 토성역으로 우리를 데리고 갔다. 토성역은 휴전선 부근에 있는 역으로 서울로 가는 기차가 있었다. 군인 초소에서 내주는 기차표를 받아드니 '서울'이라고 쓰여 있었다. 그날은 1950년 1월 17일이었고 월남 길에 오른 지 닷새 만이었다. 서울로 가는 기차 안에서 행상하는 이가 목청껏 외치고 있었다.

"초콜렛 사시오, 미루꾸(밀크)도 있어요."

그것이 바로 자유의 목소리였다.

서울에 도착한 우리 두 신학생은 곧바로 명동의 주교관으로 가서 노기남 주교를 뵈었다. 주교관에 가니 덕원신학교 선배인 김철규 신부가 주교 비서 신부로 있었다. 명동성당에서 덕원신학교 동기들과 평양교구 출신의 선배 신부들도 만날 수 있었다. 비로소 안심이 되었다.

그리고 이때 국방부 정보국과 정훈국 소속의 문관으로 일하고 있던 덕원신학교 동기 구상 시인도 만날 수 있었다. 그는 해방 후 북한에서 문화 활동을 하다가 공산당으로부터 정치적 핍박을 받고 1947년 2월 단신으로 월남하여 일찍이 남한 문단에서 반공 문인으로 이름을 알리게 되었다. 그는 폐결핵과 싸우며 연합신문에서 일하다가 육군 정보국으로 옮겨와 있었다. 북쪽의 실상을 누구보다 잘 아는 구상 시인은 신학생들을 남쪽으로 데려오는 일에도 적극적으로 힘쓰고 있었다. 구상 시인은 우리가 국방부 2과 김 대위를 찾아갈 때도 동행해 주었다. 그때 우리는 노기남 주교가 국방부에 보내는 감사 편지도 들고 갔다. 국방부는 북쪽에서 내려오는 신학생들에 대해서 각별한 도움을 주고 있었다. 우리는 김 대위를 만나서 월남 과정에 대한 간단한 조사를 받았다. 김 대위는 자기 부하 군인에게 우리를 맡기면서 이분들의 신분에 대해서는 조사할 것 없고 정보만 좀 듣고 기록해 두라고 말했다.

"북에서 38선으로 내려올 때 군부대 같은 것을 보았소?"

나는 몇 군데에서 부대를 보았다고 했다. 그다음 진남포 지도를 하나 그려달라고 해서 기억나는 대로 지도를 그려주었다.

조사를 받고 나니 온전히 남한에 도착한 듯한 기분이 들었다. 그 시기에 월남한 사람들은 그 과정을 상세하게 밝히는 것에 대해 좀 예민한 편이었다. 38선이 생긴 이후 남북은 늘 긴장 관계에 있었으니 그럴 수밖에 없었다. 더구나 38선을 안내하는 이들이 이중간첩이었다는 말들이 있어서 자칫 오해를 받을 수도 있어 더욱 조심스러웠다.

드디어 혜화동 성신대학으로 갔다. 1월 중순이었으므로 학교는 겨울 방학 중이었다. 텅 빈 교정에는 갈 곳 없는 이북 신학생들만 서성이고 있었다. 이 중에는 덕원의 후배인 백민관 테오도르도 있었다. 신학교 교정이 쓸쓸하게만 보였다.

# 2부
사제의 길

윤공희 빅토리노가 노 저어온 신앙의 배는 드디어 닻을 내렸다. 공산 치하를 견디고 38선을 넘어와 성직의 품을 받게 되었다. 하느님께서 불러주시고 은총으로 이끌어주신 삶이었다. 주님께서 내게 바라시는 바는 무엇인가. 하느님의 섭리 그 오묘한 뜻을 헤아리며 살아가는 또 다른 항해가 시작되었다.

1장
새 사제 시절과 6·25

사제 서품 – 가장 기쁜 날!

1950년 3월에 드디어 사제 서품을 받게 되었다. 신학교가 개학한 그달 19일에 부제품을 받고 바로 다음 날인 20일에 신품을 받았다. 월남한 지 두 달 만이었다. 원래는 서울대교구 사제 서품일이 4월 15일로 예정되어 있었지만, 아마 당시 서울 신학교 학장이던 정규만 신부(1942. 12. 서품)가 장선홍 부제와 동성소신학교 동창이어서 우리 둘만 서둘러 사제품을 먼저 받도록 한 것 같았다. 장 신부(1915년생)는 나이로는 나보다 아홉 살 위였지만 동성소신학교 때부터 몸이 허약해 공부를 자주 쉬어야 했다. 덕원에서 차부제품까지 마치고 서울로 왔을 때 그의 신학교 동기들은 벌써 신부가 되어있었다. 덕원신학교의 동기인 장선홍 부제와 나는 3월 20일 나란히 사제품을 받았다.

노기남 주교의 주례로 성신대학에서 집전된 미사에는 평

양교구의 두 새 사제를 위하여 조지 캐롤(George Carrol, 안) 신부(1950년 11월 평양교구장 서리로 임명받았고, 몬시뇰이 되셨다.)와 교황사절 패트릭 번(Patrick Byrne, 방일은) 주교도 참석하였다.

기묘한 방법으로 나를 사제의 길로 인도해주신 하느님의 뜻을 되새기니 뜨거운 눈물이 하염없이 흘러내렸다.

가족들은 전부 이북에 있었고 단신으로 월남한 나로서는 축하해 줄 가족이나 친척들이 있을 리 없었다. 그러나 월남하여 서울에 살고 있던 진남포본당 교우들의 보살핌은 각별했다. 본당 출신 새 사제를 축하하려는 그들의 마음은 애틋하기까지 하였다. 가족이 월남하여 있었던 장선홍 신부와 달리 곁에 가족이라곤 한 명도 없는 나를 위하여 신자들은 정성을 다했다. 장 신부 못지않게 해드려야 한다며 선물로 맞춰 온 양복도 윗저고리와 바지로 나눠서 따로 포장해 선물했다. 가지 수를 많게 보이려고 그렇게 했다고 하면서 웃었다.

그날 윤승하 회장님이 오셔서 우리 가족을 대신해서 축하해 주셨다. 그분은 나의 할아버지뻘 되는 분으로 중화 목재리 출신으로 중화본당에서 전교 회장을 지내신 분이다.

사제 서품을 받은 그날, 나는 무척 행복하고 기뻤지만 가슴 한구석은 허전한 게 사실이었다. 북에 두고 온 모든 이들이 생각났다. 덕원신학교의 교수 신부님들, 수도원 식구들,

윤공희, 장선흥 신부 사제 서품(서울 성신대학, 1950. 3. 20.)

평양교구 선배 신부님들, 그리고 가족들, 모두 이 자리에 함께 있을 수 있었다면 얼마나 기뻐할 것인가! 38선으로 갈라져 있으니 소식을 전할 길도, 받을 길도 없었다. 부모님은 사제가 된 아들을 얼마나 자랑스러워할 것이며, 신학생 양성에 온 힘을 모아준 본당 교우들은 윤공희 빅토리노 새 신부를 얼마나 대견해 하면서 축하해 줄 것인가!

사제 서품식 직후 평안남도 중화본당 윤승하 회장과 함께(서울 성신대학, 1950. 3. 20.)

이날은 내 인생에서 가장 기쁜 날이었고 가장 보람된 순간이었다. 어려서부터 품었던 사제의 꿈을, 그 소원을 마침내 주님께서 이루게 해 주신 날이 아닌가!

그날 나는 하느님의 섭리에 대해서도 곰곰이 생각하게 되었다. 이런 날이 오지 않을 수도 있었다는 생각이 들었다. 그동안 겪었던 여러 위기의 순간들이 주마등처럼 지나갔다. 그날 나는 하느님께서 나의 생에 깊이 개입하시어 특별한 은총으로 사제의 길을 준비해주셨다는 생각을 하였다. 그렇게 생각되는 사건들이 있었다.

첫째는, 신학교 시절 김남수 안젤로와 함께 월반하지 않은 덕에 1950년 3월에야 사제품을 받게 된 일이다. 만약 신학교에서 월반을 했다면 1948년에 나는 사제가 되었을 것이다. 그랬을 때 공산 치하에서 어떻게 되었을지 아무도 모른다.

둘째는, 1949년 5월, 당시 평양교구장 홍용호 주교님과 덕원수도원 사우어 주교 아빠스님께서 공산 정권에 의해 납치되어 사제 수품이 성사되지 못했던 일이다.

만약 이북에 계신 두 분의 주교님 중에 어느 한 분이라도 계셔서 그해 내가 서품을 받았더라면, 아마도 나는 당시 평양교구 소속 사제들의 운명처럼 공산 정권에 피랍되어 지금은 교황청이 발표한 「20세기 신앙의 증거자」 명단에 올라 있을지도 모를 일이다.

참으로 기묘하게 나의 삶을 사제의 길로 인도해주신 하느님께 한없는 감사와 찬미를 드린다. 사제로 살게 해주신 주님의 특별한 보살핌을 느끼며 그때 순교하신 모든 분의 삶까지 살라는 뜻으로 받아들였다.

첫 미사는 바로 다음 날인 3월 21일 서울 중림동(약현)성당에서 봉헌했다. 평양 출신 신우회원들은 첫 미사 날 성대하게 축하식을 베풀어주었다. 우리 두 사제의 첫 미사를 지켜본 중림동본당 신인식 신부님은 '남쪽의 어떤 신부도 이렇게 크게 축하받는 것을 보지 못했다. 축하식이 아주 거창하고 성대하다.'며 북한에서 온 두 새 신부를 격려해 주셨다.

사제 수품 다음날 첫 미사
(서울 중림동성당, 1950. 3. 21.)

첫 소임 - 명동 보좌신부

사제로 서품되고 나서 나의 첫 소임은 명동 보좌였다. 장선홍 신부는 명동성당 성가 기숙사 사감으로 소임을 받았다. 그때 명동성당 주임신부는 장금구 신부님(1939. 6. 서품)이셨다. 그분은 건희 형님이 용산 소신학교 다닐 때 같은 반 동기로서 우리 형님을 잘 알고 있었다. 형님이 대신학교 올라가기 바로 전에 신학교를 나왔기 때문에 그때 함께 공부하신 분들은 형님을 다 잘 알고 있었다.

당시 보좌신부로 지내면서 가장 기억에 남는 것은 부임하자마자 노기남 주교님의 충청도 사목 방문에 동행한 일이다. 주교님을 동행한 초행길이 낯선 탓도 있었지만 고해성사를 보기 위해 매일 수백 명씩 몰려드는 신자들의 모습은 내게 너무나 큰 감동을 주었다. 나의 첫 사목 경험은 고해성사가 전부였다고 해도 과언이 아닐 정도로 그때 나는 많은 신자에게 성사를 베풀었다. 아직 갓난 사제였던 내게 이 경험은 참으로 놀랍고 충격적이기도 했다. 하느님의 대리자인 사제의 직무를 실감하게 된 기회였고 고해성사의 의미를 깊이 확인하는 순간이었다.

나는 명동성당 혼성합창단 지도 신부와 계성초등학교 교리교사로 활동하며 바쁘게 지내고 있었다. 그러다가 석 달 만에 6·25 전쟁이 터졌다.

6·25 발발

1950년 6월 25일 새벽 북한군의 침략으로 한국 전쟁이 발발했다.

그날 나는 오전 미사를 끝내고 점심 후에는 합창단 가을 공연 준비로 분주했는데 오후에 음악회 후원 문제로 경향신문사에 갔던 신태민씨(당시 연희대학 학생이면서 경향신문사 기자)가 숨을 헐떡이며 성당으로 들어와 소식을 전했다.

"신부님, 전쟁이 났어요! 전쟁이!"

그날 저녁부터 기총소사 소리가 귀를 찢었고 서울 하늘 위로 전투기 한 대가 무섭게 날아다녔다. 밤새 포성이 계속 들리면서 상황은 급박하게 돌아갔다.

그러나 라디오에서는 26일까지만 해도 '희망이 있다'는 소식이 들렸고 그다음 날에도 이승만 대통령의 '서울 절대 사수'라는 방송이 들려왔다. 시민들은 어찌할 바를 모르고 발을 구르고 있었지만, 그때 정부는 이미 대전으로 옮겨갔고 28일 새벽, 정부는 한강 다리를 폭파했다.

서울교구는 6월 26일 교구 참사 회의를 열었다. 시내의 본당신부들은 남아 있으면서 신자들과 생사를 함께 한다는 결정을 내렸고, 평소 글이나 강연 활동으로 적극적인 반공 활동을 해온 윤형중 신부와 김철규 신부는 북한에서 벼르는 사람들이니 피난을 떠나라고 했다. 특별 사목 신부들과 보좌신부들은 자유롭게 행동하라는 결정도 내려졌다.

명동본당 주임 장금구 신부님은 보좌인 나에게 이렇게 말씀하셨다.

"사목에 대한 책임은 걱정하지 말고 자유로이 피난 갈 준비를 하시오. 윤 신부는 월남한 입장으로 인민군이 들어오면 더 위험할 수 있어요. 하지만 윤 신부한테 일임하니 알아서 결정하시오."

나는 생각했다. '피난을 가야 하나? 남아있어야 하나? 하느님의 뜻이 무엇일까? 하느님의 뜻을 따르는 것만이 중요하다!'

나는 아직 마음을 정하지 못했다. 하지만 결정을 내려야 한다면 본당 사제관에서 우리 젊은 사제들과 함께 살고 계시는 부감목(총대리) 이기준 도마 신부님께 여쭤보아야겠다고 생각했다.

서둘러 피난길에 나서지 않고 우선 명동성당에 남기로 한 나를 보고 본당주임 장 신부님은 이렇게 말씀해 주셨다.

"그래 윤 신부, 우리 함께 이곳을 지키자. 죽든지 살든지 여기 있자. 주님께 맡깁시다."

27일 오후가 되면서 서울 거리는 피난 행렬로 뒤덮였다. 국군이 곧 반격하리라는 것을 믿고 그대로 서울에 남아있는 사람들도 많았다. 하지만 모든 일상은 무너지고 사람들은 두려움과 공포에 떨고 있었다. 신학교도 해산됐다. 신학교에서는 신학생들에게 각자 집으로 피난 가라고 했다. 하지만 이북에서 온 학생들은 갈 곳이 없었다. 어쨌거나 남쪽으로 내려가야만 했다. 신학교에서 공부하던 지학순도 피난길에 올랐다. 그는 명동성당으로 들러 나를 만났다.

"윤 신부, 여기 있지 말고 함께 피난 가는 게 어때?"

"다니엘, 나는 좀 더 생각해 보기로 하고 아직은 여기 그대로 남아있으려고 하네. 먼저 내려가. 우리 나중에 만날 수 있겠지…"

지학순 다니엘은 서운함과 걱정이 묻어있는 표정으로 내 손을 잡고 아쉬워했다.

남쪽으로 내려가는 신학생 중에 이북에서 온 백민관 신학생도 명동에 들렀다. 단신으로 월남한 백민관은 서울에 아는 사람이라곤 한 명도 없었으니 피난을 가야 할지 어떻게 해야 할지 몰랐다. 덕원신학교 후배인 그에게 여비에 보태라고 약간의 돈을 손에 꼭 쥐여주었다. 무사히 남쪽으로 잘 갈 수 있기를 빌었다.

모리 멜리우스 에스트

28일에 인민군이 서울에 진입했다는 소식이 들렸고 오후가 되자 인민군 탱크가 시내로 진입했다. 북한군은 단 사흘 만에 서울을 점령했다. 명동성당으로도 인민군이 곧 들이닥칠 참이었다.

그때 나와 계성학교 교장인 정욱진 신부에 대한 체포령이 내려졌다는 소식이 들렸다.

그날 아침 미사를 하고 나오는데 부친이 국회의원인 박병선 누갈다 자매가 급하게 다가와 알려주었다.

"신부님, 어서 피하셔야 하겠습니다. 인민군이 신부님에 대한 체포령을 내렸다고 합니다. 어서 피하셔야 합니다. 저희가 피할 곳을 알아볼 수 있겠습니다."

그날 본당 식당에서 아침 식사를 하는데 두렵고 긴장이 되어 음식이 넘어가지 않았다. 피난 가지 않겠다는 결심을 굳히고 있었지만 체포 명령이 내려진 데다가 다들 피신을 해야 한다고 하니 어떻게 해야 할지 다시 고민이 되었다.

그때 명동본당에는 이기준 도마 신부, 장금구 신부, 정욱진 신부가 같이 살고 있었다. 이기준 신부님은 노기남 주교를 대리하여 교구 부감목(총대리)으로 계셨다. 당시 노기남 주교는 성년을 맞이해 교황님을 알현하러 로마로 떠났다가 유럽에 머무르고 있었다. 나는 이기준 도마 신부님께 여쭈었다.

"신부님, 누갈다 자매가 저더러 피할 곳을 마련해 줄 테니 피신하자고 합니다. 어떻게 해야 할지 말씀해 주십시오. 신부님이 지금 저의 장상이시니까 신부님의 말씀을 하느님의 뜻으로 받아들여야 한다고 생각됩니다. 신부님이 그냥 남아 있으라 해서 남아있다가 잡혀가더라도 절대 원망하지 않겠습니다. 어떻게 하는 게 좋을지 말씀해 주십시오."

이기준 신부님이 가만히 듣고 있다가 말씀하셨다.

"모리 멜리우스 에스트(Mori melius est)"

우리말로 '죽는 게 더 낫다.'라는 뜻이었다.

"죽는 것이 더 낫다. 떳떳하게 있다가 잡혀가자!"

나는 즉시 고개를 숙이며 대답했다.

"네 알겠습니다. 신부님 말씀 그대로 따르겠습니다."

나는 그대로 성당에서 지내면서 미사를 드리고 신자들을 돌보는 일에 열중했다.

피난민들에게 고해성사

6월 28일 아침 미사부터 신자들이 성당으로 몰려들기 시작했다. 다른 날과 달리 고해성사를 보려는 신자들이 줄을 이었다. 끔찍한 전쟁 통에 언제 죽을지 모르니 살아있을 때 성사를 보고 죄 사함을 받고자 하는 것이었다. 여기저기서 총알이 빗발치고 대포가 날아들고 건물이 부서지는 상황이니 죽음이 코앞이었다. 밀려드는 고해자들을 위해 처음에는 성당 안에서 고해성사를 주다가 나중에는 본당 사제관 안에 고해틀을 놓고 종일 성사를 주었다. 피난민 교우들이 종일 밀려들었다. 쉬는 시간은 중간에 밥 먹는 시간뿐이었다. 28일부터 사흘간 고해소 앞에는 줄이 끊어지지 않았다. 이때 가장 많은 고해성사를 주었던 것 같다.

고해를 받으러 몰려든 신자 중에는 내게 교리를 배우던 육군 대위도 있었다. 어느 날 그가 사복 차림으로 찾아왔다.

"어떻게 된 일이오?"

"신부님, 제가 낙오하고 말았습니다. 얼마 전 종로4가 전매

청 울타리 안에서 인민군과 전투를 벌이다가 혼자 낙오하게 되었습니다. 이제 남쪽으로 부대를 찾아가야 하는데 그전에 신부님을 찾아뵈었습니다."

그는 하느님의 자녀가 되고자 하는 열망을 그대로 간직하고 있었다. 아직 교리를 다 마치지 않았지만, 생사의 갈림길에 서 있는 그 군인에게 세례를 주지 않을 이유가 없었다. 나는 몇 가지 중요한 교리를 설명하고 사제관 내 방안 싱크대에서 그에게 세례 성수를 부어 주었다. 그리고 얼마 뒤 서울 시내에서 사복을 입은 그 장교를 다시 만났다. 그는 낙오병으로 찍혀 조사를 받았지만 금방 풀려났다고 하면서 곧 부대를 찾아 합류하여 춘천 전투에 참여할 것이라고 말했다. 그리고 그 이후 한 번도 만나지 못했다. 아마 전사했을 것이라고 짐작할 뿐이다.

형님을 만나다

그날도 고해틀을 사제관 이층 올라가는 계단 옆에 놓고 쉼없이 들어서는 신자들에게 성사를 주고 있었다.

"성사를 본 지 한 달이 넘었습니다. 제가 저지른 죄는 …"
불쌍한 피난민들은 눈물로 자신의 죄를 고백하며 하느님

의 용서와 자비를 청하였다.

"나도 성부와 성자와 성령의 이름으로 이 교우의 죄를 사하나이다."

앞사람이 고해 틀에서 일어서기 무섭게 다음 사람이 앉았다.

"저의 죄를 고백하겠습니다…"

신자들에게 보속을 주고 한숨 돌리려고 고개를 돌리던 순간 누군가 이층 계단을 올라가는 게 보였다. 이층에는 사제관이 있었는데 망설이지 않는 걸음이었다. 인민군 군복 차림이었지만 얼핏 봐도 눈에 익은 사람이었다. 나는 성사를 다 주고 나서 얼른 이층으로 뛰어 올라갔다. 건희 형님이 방 안에 있었다.

"형님!"

"공희, 아니 이제 윤 신부님이지! 나 형이야!"

형제는 두 손을 맞잡았다. 북한에 있을 것으로 생각한 형님을 서울에서 만나게 되다니! 주님의 안배하심이었다. 형님은 먼저 무릎을 꿇고 앉았다.

"나도 새 신부한테 강복을 받아야지."

건희 형님은 내가 사제가 되고 나서 처음 만난 가족이었다. 나는 형님의 머리에 두 손을 얹고 오래 기도를 드렸다. 부모님과 다른 형제들도 함께 떠올리며 강복하였다.

독일 풍속에 새 사제 첫 강복이 아주 큰 은혜를 받는 것이라고 교장 신부님이 늘 말씀해 주신 기억이 있다. 교우들이 사제 서품식에서 첫 강복을 받는 것을 아주 중요하게 생각한다고 하셨다. 건희 형님은 두 눈을 감고 동생 사제의 첫 강복을 받고 있었다.

이 장면은 참으로 드문 광경이기도 했다.

인민군 군복을 입은 군인이 무릎을 꿇고 앉아 천주교 사제에게 강복을 받으며 기도를 드리는 장면은 누가 봐도 모순된 일이지 않은가. 종교를 박해하고 사제를 잡아가는 공산 정권의 군인이 가톨릭 사제 앞에 꿇어앉아 있다는 게 앞뒤가 맞지 않지만, 그 안에는 분명한 진실이 있었다. 누가 뭐래도 우리 둘은 형제지간이라는 사실이었다. 형님과 내가 피를 나눈 형제인 것처럼, 남과 북으로 갈라져 서로에게 총부리를 겨누고 있는 남북한 군인들도 한겨레 한민족이지 않은가! 천주교 사제와 인민군복의 군인이 마주하고 있는 그날의 장면은 당시 한반도의 비극적이고 모순된 상황을 단적으로 상징하고 있었다.

"형님, 그런데 인민군복은 어떻게 된 것입니까?."
"징발당해서 이렇게 되었지."
건희 형은 인민군을 따라서 온 군의관이었다. 평양에서 장교 교육 사관 학교 기능을 하던 평양학원이라는 곳에서 의사로 근무하고 있었는데 전쟁이 일어나자 군의관으로 징집당해 인민군 장교처럼 서울로 내려오게 된 것이었다.

"형님, 그 군복을 벗고 잠깐 숨어 있다가 유엔군이 들어오면 나오세요. 제가 숨어있을 곳을 알아보겠습니다!"
"그래, 그렇게 해야지. 얼른 이 군복을 벗어버려야지!"
그때 내가 알고 지내는 진남포본당 교우 가정이 있었다. 일찍이 서울로 내려와 살고 있던 집안으로 형님도 그 집안을 잘 알고 있었다. 형님은 유엔군이 들어올 때까지 그 집에 숨어 있다가 마침내 인민군이 후퇴하여 서울을 떠나자 자유롭게 바깥으로 나올 수 있었다. 형님은 서울이 수복되고 난 후 유엔군이 평양을 탈환하자 가톨릭 의료봉사단에 들어가 평양으로 올라갔다. 당시 노기남 주교의 평양 방문이 있었는데 그때 가톨릭 의료봉사단도 미군 공군기 편으로 함께 갔다. 그때 서울 성모병원 원장이었던 박병래씨가 서울에 있는 교우 의사들로 가톨릭 의료단을 구성했는데 형님도 그 안에 들어갔다. 형님은 의사 면허를 받기 위한 공부를 할 때 성모병원 박병래 원장 밑에서 인턴 격으로 일한 적이 있었다. 2주간 예정으로 무료 의료활동을 계획하고 평양 방문을 한 의료단은 장차 평양에 성모병원 분원을 세우고자 하는 포부를 가지고 있었다. 그 책임자로 형님이 예정되어 있었고 성모수녀회와 함께 평양성모병원을 운영할 계획이었다. 그러나 1·4후퇴로 성모병원 평양 분원의 꿈도 사라졌다. 국군이 후퇴할 때 형님도 따라 내려와야 했다.

전쟁이 끝나고 나서 형님은 중립동(약현)성당 구내에 있는 성요셉 자선병원에서 근무하다가 나중에 종로 쪽에 공화의원이라는 개인의원을 내어 의사로 오랫동안 일했다.

형님은 전쟁 직후 서울 소신학교에서 생물학을 가르치는 일도 잠깐 한 적이 있었다. 그러던 중 북한에 있을 때 이력을 빌미 삼아 고발이 되었던지 중앙정보부 혜화동 분소에 잡혀가는 일이 생겼다. 그때 형님과 함께 지내고 있던 사촌 최용록이 한창호 경향신문사 사장에게 달려가 이 사실을 알려줘서 한 사장의 도움으로 형님은 무사히 나올 수 있었다. 그전에 건희 형님이 서울에서 공부할 때 한창호씨 집에서 지내기도 하여 그분과는 각별한 사이였다.

최용록 신부는 나와는 외종사촌으로 어머니의 남동생, 즉 외삼촌의 아들이었다. 우리 외가가 있는 평양 대신리 출신인 최용록은 6·25 때 월남해서 내려왔지만 갈 데가 없어 국민방위군에 들어갔다가 제대하여 건희 형님과 함께 지내고 있었다. 이북에 있을 때부터 신학교에 들어가기를 소망하여 본당신부에게 의논하기도 했는데 마땅한 시기를 놓치고 말았다. 서울에서 신학교 입학을 원했지만, 학교에서는 나이가 많다는 이유로 입학을 거절했다. 그런데 신학교 시절 건희 형님과 같이 공부했던 신부님들이 당시 신학교 선생으로 있어서 그 신부님들에게 형님이 입학시험만이라도 보게 해달라는 청을 넣어 겨우 시험을 보게 되었는데 최용록이 성적이 제일 좋아서 신학교에 들어갈 수 있었다. 나보다 4년 아래인 최용록 신부(1928-2015년)는 뒤늦게 신학교에 들어갔지만 열심히 공부하여 35세 나이에(1963년) 사제 서품을 받았다. 신학생 때 프랑스 낭시의 신학교로 유학하여 프랑스어에 능통했던 최 신부는 은퇴 후 한국교회사연구소에서 교회사 사료 편찬과 번역에 관한 일을 하면서 니콜라스 빌렘 신부(홍석구) 신부가 프랑스 교회 잡지에 안중근 의사의 순국 비화에 관해 쓴 글을 발견해 공개하기도 하는 등 교회 문헌 연구에 공을 세웠다.

전란 중 명동성당 미사

전란 중이었지만 미사는 중단되지 않았다. 명동성당의 미사는 계속되었다. 전쟁이 시작된 주간인 7월 2일 주일미사만 하더라도 교우들의 미사 참례 인원이 평상시의 3분의 1이나 되었다. 명동성당의 종소리를 듣고 신자들은 포탄이 터져도 아랑곳하지 않고 모여들었다.

나는 매일 정해진 일과에 따라 미사를 드렸다. 1950년은 가톨릭에서 25년마다 맞이하는 뜻깊은 성년(聖年)이었다. 당시 교황 비오 12세가 전 세계 교우들에게 대사(大赦)령을 내렸기에 뜻깊은 성년을 맞이하여 신자들은 여느 때보다 미사 참례에 적극적이었다. 전쟁이 터지고 나서는 미사 참례에 대한 의미가 또 달라졌다. 생사를 주관하시는 하느님께 모든 것을 맡기겠다는 의지가 신자들의 얼굴에서 보였다.

그때 나는 젊은 새 신부로 각오가 대단했었다. 강론 중에 이렇게 말하기도 했다.

"교우 여러분, 이제 공산국가가 되면 우리 천주교는 박해를 피할 수 없게 됩니다. 박해를 당하면 어떻게 할지 생각해 보십시오. 하느님을 위해서 죽을 준비를 해야 합니다. 우리는 모두 순교자들의 후손입니다. 치명할 각오를 합시다!"

죽음을 피해 죽음의 사선을 넘어오기도 했지만 신앙을 증거하는 일에서 더 이상 죽음은 두려운 게 아니었다. 성당에 모인 교우들의 모습 위로 덕원수도원에서 끌려가신 신부님들의 모습이 겹쳐 보였다.

북한군 명동성당 점령

7월 6일 북한군은 도림동본당 이현종 야고보 보좌신부를 총살하면서 남한 지역 성직자들에 대한 탄압의 서막을 올렸다. 북한군이 명동성당에 진입한 것도 이날이었다. 성당 안에 숨겨놓은 무기를 찾는다고 총구를 들이대면서 지하실에 모셔진 복자 유해함 파손까지 서슴지 않았다. 북한군은 내가 북한에서 봐오던 대로 단계별로 압박을 가해오기 시작했다. 먼저 우리 신부들을 불러내어 이런저런 동맹에 가입하기를 요구하고 까다로운 심문을 해대며 괴롭혔다.

이들은 먼저 서울에 있는 각 종교인 대표들에게 〈북조선기독교도연맹〉 회의에 참가하는 이북 시찰단에 참여하기를 강요했다. 공산당 측은 주장하기를 '신자들이 이북의 종교 실태를 모르기 때문에 공포증에 걸려 공산당에 협조하지 않고 숨어다니는 형편'이라며 북한 선전성의 주선으로 각 교파에서 시찰단을 조직하여 곧 평양으로 출발하게 되었으니 천주교회에서도 신부 5명을 보내도록 하라는 것이었다.

명동본당 사제들은 의논 끝에 일단 정욱진 신부를 종교인 회의에 보내기로 했다. 계성여학교 교장 신부인 정욱진 토마스 신부는 대구 대신학교 출신으로 일본 상지대학에서 공부한 수재로 소문나 있었다. 정 신부는 나보다 선배 신부로 매사 일 처리에 뛰어난 능력을 보여주었기 때문에 상황을 잘 해결할 수 있을 것이라는 기대를 모았다. 그러나 정욱진 신부는 회의에 다녀오더니 고개를 내저었다.

"가봐야 소용없는 일입니다. 저들과 이야기하느니 벽에다 대고 이야기하는 게 낫겠습니다. 도무지 말이 통하지 않습니다. 억압적으로만 이야기하고 우리 이야기를 들으려고 하지 않습니다."

명동교회 측이 연맹 가입이나 시찰단 참가 문제에 대해서 차일피일 미루고 있는 사이 7월 11일에 큰 사건이 일어났다. 명당성당에 거주하고 있던 교황사절 번 주교와 비서 부쓰 신부와 명동성당 원로 파리외방전교회 비에모 신부, 공베르 형제 신부 그리고 가르멜 수녀 다섯 분이 인민군에게 연행되어 간 것이다. 모두 '죽음의 행진'에 끌려가 결국 돌아가셨다.

중부보안서에 잡혀가다

그리고 바로 얼마 안 되어서 중부경찰서 자리에 있던 사회안전부 중부보안서에서 나를 데리러 왔다. 드디어 그들의 손에 끌려가게 되는 날이 닥친 것이다. 그들은 성당 마당에서 나를 잡고 한참 동안 이런저런 실랑이를 벌이다가 말했다.

"잠깐만 보안서로 가서 마지막으로 정리를 합시다."

나는 손목에 차고 있던 시계를 벗어 장금구 신부에게 맡기고 중부서로 갔다. 그들은 내가 이북 출신으로 월남한 이력을 들이대며 꼬치꼬치 캐묻기 시작했다.

"월남할 때 누구의 도움을 받았소? 월남 경위와 어디로 통과해 왔는지 경로를 대시오."

그들은 또 내가 왜 피난 가지 않고 그대로 성당에 있는지 이유를 대라며 스파이 노릇을 하기 위해 명동성당에 남아있는 게 아니냐며 억지를 부렸다.

"지금 지령받은 게 무엇이오? 무슨 공작을 꾸미는지 대시오!"

그들은 나를 닦달했지만 알고 보니 꿍꿍이는 딴 데 있었다. 오히려 나에게 스파이 노릇을 시키려는 게 목적이었다.

"오늘 여기서 했던 말을 다른 사람한테 옮기지 마시오. 성당에 돌아가면 물을 텐데 그냥 적당히 둘러대시오. 조선민주주의인민공화국에서 천주교도 살아야 하지 않겠소? 그런데 반동분자가 있으니 문제요. 돌아가 교회에서 일하면서 반동분자를 색출할 수 있도록 우리를 도와주시오. 알겠소?"

잡아 가둘 것이라는 예상을 깨고 그들은 나를 석방하였다.

그 대신 조건을 붙였다.

"앞으로 일주일에 한 번씩 와서 교회 소식을 전해줘야 하오!"

그들은 나를 정치보위부 앞잡이로 이용할 작정이었다. 그들의 꼼수를 나는 이미 북한에서 많이 봐온 터였다. 신학교 교사 중에서 정치보위부 앞잡이로 일하다가 견디지 못해 월남한 이도 있지 않았는가.

그들은 경찰서에서 이야기한 내용을 절대 누설하지 말 것과 반동분자를 보면 알려 달라고 요구하며 각서에 도장을 찍으라고 했다. 한참을 버티다가 상황을 모면하기 위해 도장을 찍고 중부보안서를 나왔다. 풀려나와 보니 해가 저물고 있었다. 종일토록 붙잡혀 있었다. 그들은 일주일 뒤에 다시 오라고 했다.

그 시기 명동성당의 수난은 극에 달했다. 북한군은 명동성당과 사제관, 수녀원과 부속 보육원까지 전부 몰수하였다. 계성여학교 기숙사 하나만 남겨두었다. 사제관에서 쫓겨난 신부들은 여학교 기숙사에서 모여 지낼 수밖에 없었다.

나도 그 틈새에 섞여 이리저리 쫓겨 다니다 보니 어느새 일주일이 지나 있었다. 그들이 요구한 대로 중부보안서로 가야 할 날이 되었다. 나는 그동안 성당에서 있었던 몇 가지

일, 예를 들면 당국의 요청으로 여학생 기숙사를 다 내놓았다는 등 이미 다 알고 있는 일들을 쪽지에 적어서 길을 나섰지만 결국 중간에 걸음을 돌렸다. 그때의 내 심정은 그야말로 '죽는 것이 더 낫다.'라는 말 그대로였다. 그들에게 교회 사정을 이렇게 저렇게 말하면서 구차하게 사는 것보다는 깨끗하게 죽는 게 낫다는 생각이 들었다. 나중에 생각해보면 그들 말에 따랐던들 얼마간 목숨을 부지했겠지만, 결국엔 나도 그들 손에 처형되었을 것이 분명했다.

중부경찰서행을 결연히 거부했지만 나는 언제 다시 끌려갈지도 몰라서 그 뒤부터는 여학생 기숙사에서 꽁꽁 숨어 지냈다. 그러나 기숙사에서도 더 이상 지내기 어렵게 되었다.

명동에서 쫓겨나다

북한군은 8월 6일 기숙사마저 비우라고 명령했다. 우리 모두는 이제 명동을 떠나야만 했다. 그때 기숙사에는 북한군에 끌려갔다가 병환 중이라 잠시 풀려났던 비에모 신부가 계셨는데 결국 다시 끌려가셨다. 비에모 신부님은 북한군에게 잡혀가시면서 이렇게 말씀하셨다.

'당신들은 남과 북으로 나눠 있지만 형제 아니오? 형제는

서로 사랑해야 하지 않소? 서로 사랑하시오!'

　북한군이 점령하고 한 달여 동안은 신자 수가 줄어들긴 했지만 그래도 주일미사가 봉헌되었다. 하지만 결국 8월 6일 명동에서의 마지막 미사가 거행되었다. 신자 50여 명이 참석했다. 그날 미사 후 성당 벽면 한쪽에 벽보가 붙었다.

　'천주교 교구청 용산신학교로 이전'

　명동성당에서 함께 지내던 우리 신부들은 각각 흩어져야 했다. 이기준 신부는 어느 신자 집으로, 오기선 신부는 장충동 어느 일본식 집으로 옮겨진 샬트르 수녀원 보육원으로, 장금구 신부와 나는 용산신학교로 피신했다.

　교회 재산은 다 빼앗기고 남은 것이라곤 용산신학교와 그 옆에 있던 조그만 집이 전부였다. 그 집은 성모병원 분원인 '성 요셉병원'으로 부상 군인들을 치료하고 있던 곳이라 몰수는 면했다. 성모병원 분원은 일제강점기 때 용산 성심학교가 폐교 위기에 처했을 때 이 건물의 원래 주인이었던 경성대목구가 서둘러 건물을 요양원으로 변경 운영하겠다고 신청하여 신학교 건물에 성모병원 분원이 개설될 수 있었다. 노기남 주교는 1944년 이 분원을 '성 요셉병원'으로 개원하도록 하였다.

　용산신학교에 가보니 소신학교 교장 이재현 신부와 교사

신부 몇 분과 나이 많은 노인 두 분이 이미 와 있었다. 신학교의 분위기는 오히려 조용한 편이었다. 당시 용산 원효로 일대에 미군 폭격기가 매일 나타나 용산의 철도국 일대와 한강에 놓인 기찻길 철교를 폭격하는 바람에 이 동네 근처로 사람들은 발길을 하지 않았다. 북한군들도 얼씬거리지 않았다. 신학교에 모인 신부들은 3주 동안은 어느 정도 조용하게 지낼 수 있었다.

용산신학교에 머무는 동안 장금구 신부님도 한동안 북한군의 감시망에서 벗어나 있을 수 있었는데 이때를 이용해 장 신부님은 시내 교우들의 집을 방문하여 성사를 주고 위로의 말도 나눌 수 있었다. 나는 시내에서 젊은 사람들을 의용군으로 잡아간다고 해서 용산신학교에서 꼼짝 않고 있었다.

다 맡기고 떠나는 길

9월 초순, 나는 장금구 신부님과 함께 샬트르 수녀회 보육원에 피신해 있는 오기선 신부를 만날 겸 그곳을 방문했다. 성당에서 쫓겨난 보육원은 충무로에 있는 가정 보육 사범학교 건물로 옮겨갔다가 다시 쫓겨나 필동에 있는 이범석 초대 총리 집으로 자리를 옮겼다. 그곳은 넓은 저택이었지만 보육원생들의 숫자에 비하면 여간 비좁은 곳이 아니었다.

오 신부님과 점심을 먹고 다시 용산신학교로 돌아가려는데 오 신부님이 우리더러 며칠간 더 지내고 가라고 권하셨다. 결국 그곳에서 며칠을 더 묵게 된 덕분에 우리는 살아날 수 있었다.

그즈음 장 신부님은 아주 중요한 정보를 알게 되었다. 북한군 공작대 대장으로 행세하던 김충성이라는 사람이 보육원으로 찾아와 북한군이 곧 교회 지도자들을 잡아갈 계획이니 어서 빨리 피신하라고 했다는 것이다. 교회의 지도급 인사들을 포함해 성직자와 수녀, 회장들을 모두 죽일 계획이라고 했다. 장 신부님은 그 말을 믿어야 할지 판단이 어려워 보육원에 그대로 머물고 있었다. 며칠 후 그 사람이 다시 찾아와 자신도 교우라고 하면서 자신의 말을 믿지 못하는 것을 답답해하며 한시라도 빨리 피할 것을 종용했다. 김충성이 진짜 천주교 신자임을 확신하고 장 신부는 시내 모든 회장에게 깊숙이 숨으라는 연락을 보냈다. 용산신학교 신부들에게도 보육원 아이의 옷깃에 라틴어 쪽지를 숨겨 소식을 전했다. (노길명 교수의 증언에 따르면 김충성 베드로는 평안남도 강서 공소 회장인 김덕연의 아들로 노기남 주교의 조카며느리인 김 아녜스의 남동생임이 밝혀졌다.)

장 신부님과 나도 어디든 피난길에 나서야 했다. 서울 시내는 더 이상 안전하지 않았다. 어디 시골로 가 있는 게 나을 것 같았다. 장 신부님은 경기도 하남 근처의 구산공소가 좋겠다고 하셨다.

"구산공소, 그쪽으로 가야 할 것 같네. 그곳에 교우촌이 있으니 아무래도 안전할 거야."

목적지는 정해졌지만, 그곳까지 가는 게 문제였다. 젊은 나를 데리고 길을 떠나는 것은 아주 위험한 일이기 때문이었다. 그때 북한군은 젊은이들을 보는 대로 잡아다가 의용군으로 보내고 있었다.

"이거 갈 수도 없고 그대로 있을 수도 없고 어쩌지…"

그렇게 머뭇거리고 있던 어느 날 저녁, 나는 용기를 내어 장 신부님께 말했다.

"신부님, 출발하시지요! 가다가 잡힐 거면 여기 그대로 있은들 살 수 있겠습니까? 내일 아침에 당장 출발하는 게 좋겠습니다."

다음날은 9월 8일 성모성탄 축일이었다. 성모님의 도우심이 각별할 것 같았다. 그런데 아침 일찍 의사 최상선씨가 보육원으로 찾아왔다. 그는 열심한 신자로 명동성당 합창단의 일원이기도 했다.

"근처에 환자가 있어서 치료해주고 가는 길에 들렀습니다. 중병을 앓고 있는 부인인데 폭격 맞아 다 쓰러져 가는 집에 누워 있어요. 얼마 못 갈 것 같습니다. 종부성사를 주면 좋겠지만 이 판국에 어디 신부님 가실 수 있겠습니까?"

최상선씨는 환자의 사정이 딱하지만 신부님께 청하기는 차마 어려운 일이라는 듯 말끝을 흐렸다. 듣고 있던 나는 자리에서 벌떡 일어났다.

"제가 가겠습니다. 어디로 가면 되는지 알려주십시오."

장 신부는 위험하지 않겠느냐고 걱정스럽게 바라보았다.

"신부님, 괜찮습니다. 제가 그길로 가다가 잡힐 거면 구산까지 가다가도 잡힐 것입니다. 염려 마십시오. 다녀오겠습니다."

나는 피난길에 나섰다가 잡힐 운명이면 어디에 있더라도 결국 잡히고 말 것이라는 생각이 들었다. 나는 그 길로 환자를 찾아갔다. 집은 폭격을 맞아 허물어져 움막 같은 곳이었다. 불쌍한 환자는 희망없이 그냥 누워있었다. 나는 하느님의 은총으로 교우의 마지막 길이 힘들지 않기를 빌며 종부성사를 주었다. 돌아오는 길도 무사했다. 하느님께 모든 것을 맡기고 있었으니 그분이 해주시는 대로 따를 뿐이었다.

구산공소

평양에서 기차를 타고 내려올 때도 그랬던 것처럼 구산으로 가는 길에도 약간의 변장이 필요했다. 장 신부는 한복을 입고 손에 작은 서류 가방을 들었다. 나는 그대로 양복 차림을 했다. 서류 가방 아이디어는 내가 낸 것이다. 평소 인민군 관리들의 차림을 유심히 보아두었는데 그들은 늘 손에 서류를 넣은 작은 가방을 들고 다녔다. 장 신부의 가방 안에는 위문편지를 넣어 두었다. 그때 북한군은 계성여학교 학생들에게 위문편지를 쓰라고 했는데 그런 편지가 들어있었다. 만약 검문에 걸리면 편지를 얻으러 간다고 둘러댈 참이었다. 태릉을 거쳐 워커힐 쪽으로 걸어가는 도중에 육군사관학교 근처를 지나가는데 바로 앞에 인민군 부대가 보였다. 가슴이 덜컥하였지만 마침 장금구 신부님이 그곳 지리를 잘 알고 있어서 정문을 피해 돌아서 갈 수 있었다.

하루를 꼬박 걸어 저녁 무렵에 하남시 구산공소에 도착했다. 구산공소에는 최민순 신부님과 북쪽에서 내려온 갈 곳 없는 신학생들 몇 명과 또 다른 신학생들이 먼저 와 있었다. 그 중에는 광주 출신 신학생들이 있었는데 그들은 서울에서 온 우리에게 상황이 어떤지 자꾸 물었다. 그들은 전쟁이 길어지면 고향으로 내려가 있을 작정이라고 했다. 우리는 서울 쪽 소식을 전하며 '전쟁이 빨리 끝날 것 같지 않다.'고 대답했다. 그러자 광주에서 온 신학생 전 그레고리오와 김 안드레아, 김정용 셋은 고향으로 가겠다며 공소를 떠났다. 그러나 광주로 가는 도중 전주에 있는 김정용 신학생의 누이 집에 머물렀는데, 어느 날 김정용 신학생이 설사약을 사러 나간 사이 안타깝게도 전 그레고리오 신학생이 인민군에게 납치되어 피살됐다. 죽고 사는 것이 이처럼 순간에 갈렸다. 나는 '전쟁이 오래갈 것 같다.'라는 우리 말을 듣고 그들이 귀향길에 올랐다가 잡혀가 죽었다는 생각으로 몹시 마음이 안되었다.

구산공소는 백동성당의 공소로 사제들이나 신자들 사이에 잘 알려진 곳이었다. 공소의 김 회장은 살림도 넉넉해 피난 중인 주변 사람들을 두루 잘 챙겨주었다. 구산공소에 있는 동안 거의 매일 함포 사격 소리를 들었다. 9월 15일 밤에는 유난히 총격 소리가 쉬지 않고 들렸다. 그 소리가 인천 상륙작전이 이루어지는 소리였음을 후에 알았다.

9월 16일 인천 상륙이 감행됐고, 전세는 뒤바뀌었다. 구산공소 쪽에서도 인민군 패잔병들이 북쪽으로 밀려가는 것을 볼 수 있었다. 그러나 바로 이날, 서울 용산신학교에 피신해 있던 신부 여러 명이 납치됐다. 불과 일주일 전에 구산공소로 옮겨간 장금구 신부님과 나는 목숨을 건졌지만 피난 가지 않고 신학교에 그대로 있던 신부님들은 화를 면치 못했다.

서울로 돌아오다

인민군이 북쪽으로 밀려가고 국군은 아직 서울에 도착하지 않았지만 우리는 이 진공 상태가 몹시 불안해서 속히 서울로 돌아가기로 했다. 장금구 신부님과 최민순 신부님, 나 이렇게 셋이 구산공소를 나섰다. 우리는 한강을 건너려고 사람들이 타고 있는 작은 배에 같이 올라탔는데 천호동 다리 근처쯤에서 미군 전투기가 머리 위로 지나갔다. 금방이라도 총을 쏘면 어떻게 하나 하는 공포가 몰려왔다. 다행스럽게도 비행기는 그냥 지나갔다.

명동을 향해 계속 길을 걷던 중 맞닥뜨린 일이다. 어디선가 앞에서 오는 미군 지프차가 하나 보이는가 싶더니 금방 옆길로 꺾어 들어가 보이지 않았다.
"이상하네, 저쪽으로는 길이 없는데…"
그곳 지리에 밝은 장 신부가 혼잣말을 했다. 몇 발짝을 걸어가는데 바로 옆 길가에 아까 본 미군 지프차가 서 있고 그 위에서 미군 두 명이 총을 겨눈 채 기다리고 있었다. 우리더러 멈추라는 신호를 했다.
나는 즉시 영어로 말했다.
"우리는 가톨릭 신부들이오."

미군들은 들은 척도 하지 않은 채 우리에게 들고 있는 보따리를 내려놓으라는 시늉을 했다. 작은 짐을 내려놓는 동안 군인들은 우리 몸을 수색하면서 주머니도 뒤졌다. 그러더니 툭툭 치면서 말했다.

"흠, 굿 피플! 좋은 사람들이야, 가도 돼!"

가라는 표시에 걸음을 빨리했다. 몇 걸음 안 가서 장 신부가 말했다.

"아, 군인은 다 똑같은 건가, 인민군이나 미군이나 뭐든지 뺏어가네. 내 주머니에 있던 담배쌈지를 가져갔어, 가죽으로 된 거라서 좋아 보였던 모양이야!"

장 신부는 허탈한 표정을 지어 보였다.

9월 30일 명동성당으로 다시 돌아왔다.

인천 상륙 작전이 성공하면서 서울에는 다시 태극기가 휘날리게 되었다.

명동성당에 와보니 성당 안팎이 부서지고 어질러져 있었다. 북한군들이 사무실과 주거용으로 쓰던 성당은 안이나 바깥이나 말할 수 없이 더럽혀져 있었다. 성당에 모여든 신부들과 교우들은 다 함께 청소하고 정리하느라 바빴다. 지하실에는 누가 어디에다 쓰려고 했는지 못이 잔뜩 들어있는 가마니가 세 포대나 있었다.

그때부터 10월 한 달간 명동성당은 몹시 바빴다. 망가진 성당을 복구하고 흩어진 신자들을 모았다. 유럽에서 돌아온 노기남 주교는 10월 22일에 유엔군 환영 미사를 드렸다.

9·28 수복 후 평양으로 돌아가다

인천 상륙 작전으로 9월 28일 서울을 되찾고 유엔군과 국군은 승리의 군가를 부르며 북으로 향했다. 잃었던 북녘땅을 되찾을 수 있을 것 같았다. 그때 명동성당에 있던 평양교구 신부는 강현홍 신부, 장선홍 신부, 그리고 나였다. 장선홍 신부와 강현홍 신부는 국군 정훈국 소속 군종 신부로 국군을 따라 먼저 평양으로 출발했다. 조지 캐롤(안) 신부는 미 8군 소속 군종 신부의 임무를 맡아 평양으로 가게 되었다. 나는 안 신부님과 전에 평양교구에서 전교했던 메리놀회 패트릭 클리어리(Patrick Cleary, 길) 신부 일행과 동행하게 되었다. 나는 군종 소속은 아니었기에 로만 칼러 양복 차림 그대로였다.

1950년 10월 28일 서울에서 아침 7시 30분에 출발했다. 캐롤(안) 신부님 일행은 두 대의 자동차로 나눠서 갔는데 나는 안 신부님의 스테이션 웨건에 타고 갔고 군용 지프차는 클리어리(길) 신부가 몰고 갔다. 지프차에는 미국 개신교 군목이 (그때는 미국 신문 기자인 줄 알았다.) 함께 타고 있었다. 길 신부는 미국 메리놀회 사제로 메리놀회 평양 사목 초기부터 활동하여 의주본당과 중강진본당를 거쳐 관후리 주임신부로 일했다. 메리놀회가 추방되어 미국으로 갔다가 해방 이후 다시 들어와 이남 지역에서 사목하던 중 전쟁이 나자 다른 모든 메리놀회 신부들과 함께 미 8군 소속 군종 신부로 들어가 있었다. 길 신부는 당시 기록을 〈종군일지〉에 면밀하게 남겨 두었다. 그는 기록에서 관후리성당을 항상 성 미카엘성당이라고 불렀는데 관후리성당이 처음 지어졌을 때 주보로 미카엘 대천사를 모셨기 때문이다. 해방 이후 성전을 다시 지어 올릴 때 홍용호 주교는 관후리성당을 평화의 모후이신 성 마리아께 봉헌하였다.

북쪽으로 가던 길 중간쯤에서 우리는 미군용 레이션(전투식량)으로 점심을 먹었다. 길 중간중간 쓰러져 죽은 사람들의 시체가 널려 있는 게 보였다. 전쟁의 끔찍한 광경이었다.

우리는 북쪽으로 난 국도를 따라 황해도를 지나서 평양에 도착했다. 오후 4시 반 정도였다. 대동강에 다다르니 폭격으로 다리가 무너져 있었다. 대동강 근처 비행장 맞은편에 놓인 부교를 통과해 들어갈 수 있었다.

드디어 평양 관후리 주교좌성당으로 들어왔다. 관후리성

당에 도착하니 국군을 따라 들어온 장 신부와 강 신부가 먼저 와 있었다.

관후리성당도 역시 많이 훼손되어 있었다. 성전 안은 예전의 모습이 아니었다. 공산당원들은 성전을 자기들 용도에 맞춰 개조해 놓았는데 한쪽 편에는 널빤지로 벽을 세워 방으로 쓰고 있었다. 대성전을 지어 올릴 때 성전 정면 외벽에 벽돌로 홈을 파서 십자가를 만들어 놓았는데 그런 표시도 다 지워져 있었다.

신앙의 공간을 세속의 것으로 채워놓으려 한 흔적이 곳곳에 보였지만 그들의 노력은 아무래도 헛된 것 같았다. 우리는 즉시 제대를 차리고 미사를 드리면서 우리의 공간을 되찾았다. 그날 저녁 우리 신부들은 근처 교우 집에 잠자리를 마련하였고 안 신부와 길 신부는 사제관 안에 군용 해먹을 펼쳐 놓고 평양에서의 첫 밤을 보냈다.

서울에서 신부들이 왔다는 소식을 들은 교우들은 관후리성당으로 속속 몰려들었다. 다음 날 아침부터 미사를 드렸다. 신자들은 몇 년 만에 미사 참례를 하고 고해성사를 보게 된 것에 감격했다. 그날부터 안 신부님을 비롯해 사제들은 모두 관후리성당에서 지내며 성무를 시작하였다. 그리고 시간 나는 대로 근처 여러 본당을 방문해 교우들을 만나 성사를 주고 그동안의 시간을 위로했다. 11월 1일 '모든 성인의

날' 아침 일찍 지프차를 몰고 영유성당부터 갔다. 영유성당에서 미사를 드린 다음 안주성당을 들렀다가 오후에 서포에 도착해 오후 5시에 안 신부가 집전하는 '모든 성인의 날'을 기념하는 미사를 드렸다. 우리가 가는 곳곳마다 신자들이 모여들었다.

주교 아빠스의 무덤을 참배하다

이즈음 나는 평양에 돌아와 가장 중요한 순간을 맞이하게 되었다. 바로 우리 덕원수도원 사우어 주교 아빠스님의 무덤을 찾아 참배하게 된 것이다. 11월 초 무렵이었다.

덕원수도원의 임근삼 콘라도(후에 왜관수도원 재정 담당) 수사를 만났기에 가능했던 일이다. 콘라도 수사는 덕원수도원에서 구둣방 소임을 맡아 일했는데 수도원이 폐쇄되고 나서 6·25 전쟁 이후까지 평양에 그대로 남아있었다. 사우어 주교님과 독일 신부님들이 잡혀가서 아직 평양 교화소에 계실 때 수도원 식구 중 한국 수사들이 바깥에서 지키고 있었다. 감옥 안에 계신 분들의 안부를 듣기 위해서였다. 원래 그 일은 덕원수도원의 김영근 베다 수사가 맡아서 하고 있었다. 그러다가 전쟁이 나던 그해 3월에 김 베다 수사가 월남한 후,

그 소임을 임 수사가 맡게 되었다. 그는 가방 공장에서 일하면서 평양 교화소 소속 의사와 선이 닿아 교화소 안에 갇혀 있는 수도원 식구들과 연락을 취할 수 있었다. 평양 교화소에 갇혀 있던 루치오 로트 원장 신부와 루도비코 피셔 수사 두 분과 은밀히 서신을 주고받을 수 있었기 때문에 어려운 가운데 감옥 안 사정을 비교적 잘 알 수 있었다. 1950년 2월 7일에 사우어 주교 아빠스가 선종하시고, 그해 유엔군이 북한에 올라가기 직전인 10월 11일 길 신부가 선종한 사실도 그 연락 통으로 소상히 알게 되었다. 사우어 주교님의 선종 소식을 들었을 때 임 수사는 그분의 무덤을 찾아내기 위하여 여러 방도로 수소문했다. 북한군들이 그분을 어디에 묻었는지 알아내어 제대로 모셔야 하는 일이 아주 중요했다. 그때 임 수사는 수녀 한 명과 평양 용산에 있는 교화소 공동묘지를 찾아가 밤새도록 무덤을 뒤져 사우어 주교님의 시신을 찾아냈다고 한다. 그리고 자리를 옮겨 다시 모셔두었다고 했다.

 임 수사가 주교님이 묻힌 그 무덤가로 나를 데려다주었다. 그곳은 평양 교외의 용산리 공동묘지였다. 평양 시내에서 그리 멀지 않은 곳이었다. 11월 북쪽의 겨울 날씨에 땅은 차갑게 굳어 있었다. 황량하고 을씨년스런 공동묘지 한쪽에 사우어 주교 아빠스님의 무덤과 나란히 두 기의 무덤이 더 있었다.

한 무덤은 철학 교수 클링자이스(길) 신부님의 것이었고 또 다른 무덤에는 백응만 신부님이 묻혀 있었다. 임 수사는 무덤 옆에 선 채 사우어 주교 아빠스님의 무덤을 찾아 헤매던 그날 일을 들려주었다.

"내가 사우어 주교님이 묻혀 있는 곳을 대충 알게 되어 이 근처 무덤을 파봤지요. 그때는 인민군들이 수시로 들락거리니 밤에 와야 했어요. 몇 개의 무덤을 파보다가 마침내 무덤을 찾아냈어요. 우리 주교님의 하얀 수염이 보였거든요. 수도원에서 옷마다 빨래 번호가 있잖아요. 옷을 확인해 보니 주교 아빠스님 번호가 맞아요. 내가 그 번호를 알고 있었거든요. 무덤 자리를 제대로 잡아서 주교님을 모시고 나중에 알아볼 수 있도록 무덤에 사발을 넣어두었어요. 바로 이 무덤입니다."

임 수사는 길 신부의 무덤도 비슷한 경로로 찾아내 이장을 한 다음 고무신을 넣어두었다고 했다. 무덤 안에 표시가 된 사발과 고무신을 넣어 둔 이유는 그 물건은 썩지 않을 것이니 나중에 다시 무덤을 찾아낼 때 표식으로 삼기 위해서였다. 다른 무덤의 주인 백응만 신부는 평강본당 주임신부로 평양 교화소에서 1월 무렵에 선종하였다고 했다. 나는 임 수사 곁에 서서 세 기의 무덤을 향해 오랫동안 기도를 드렸다. 그곳을 떠나면서 나는 조만간 다시 찾아와 그분들을 수도원

땅으로 옮겨드릴 수 있을 것이라 믿었다. 그러나 아직까지 그런 시간은 오지 않았다.

우리는 평양교구 신부다

강현홍 신부, 장선홍 신부, 윤공희 이렇게 우리 셋은 북진하는 국군을 따라 평양 관후리성당에 들어온 평양교구 신부들이었다. 그리고 한 달 뒤에 장대익 신부도 합류했다. 평양에 들어설 때 우리 방인 사제들의 감회는 남달랐다. 평양교구는 메리놀회가 맡아 돌봐 왔지만 이제 우리 방인 사제들도 모였으니 방인 교구가 되겠다는 생각이 들었다. 이런 생각은 우리 사제들만 하는 것이 아니었다. 당시 평양교구 신자들도 역시 그런 생각을 하고 있었다. 교우들은 11월 12일에 있었던 노기남 주교의 평양 방문 때 그런 뜻을 밝혔다.

유엔군이 북한을 탈환하자 노 주교님은 서둘러 평양을 방문하셨다. 미군 공군기 편으로 온 주교 방문단에는 박병래 성모병원 원장이 '가톨릭 의료봉사단'을 이끌고 동행했다. 의사 2명과 간호 수녀 7명의 의료봉사단은 의료 시설이 파괴된 평양의 주민들을 돌보기 위해 임시 진료소를 만들어 환자들의 진료를 시작하였는데 불과 20여 일 만에 6천 명이 넘는 환자들이 몰려왔다.

노 주교님은 홍 주교의 피랍 이후 평양교구장을 겸해서 맡고 있었고 평양 논재공소 출신이라 개인적으로도 평양교구에 대한 애정이 각별하셨을 것이다.
교우 대표들과 평양교구 출신 세 신부가 노 주교님을 모신 자리에서는 이런 이야기가 오갔다.
"주교님 이제 우리 평양교구는 방인 교구가 되었다고 생각합니다. 지난번에 홍 주교님이 우리 교구 첫 방인 주교가 되시면서 평양교구가 이미 방인 교구가 되지 않았습니까? 이번에 메리놀 신부님들이 평양으로 오셔서 저희는 참 반갑고 고맙지만 그대로 방인 교구로 되었으면 참 좋겠습니다. 주교님께서 교황청에 우리 신자들의 뜻을 꼭 전해주시면 좋겠습니다."
교우들은 '우리 손으로 일궈내는 방인 교구'라는 데 대하여 큰 자부심을 가지고 있었다. 공산군의 박해와 전쟁 중에 겪은 어려움이 컸지만 이 난관을 뚫고 평양교구를 다시 우뚝 세워 놓을 자신이 있었다. 평양을 탈환하게 된 지금 방인 교구로 입지를 굳혀놓아야 한다는 자립 의지를 불태웠다. 그러나 우리의 꿈은 금방 사그라졌다. 11월 20일 교황청에서 안 신부를 몬시뇰에 임명하면서 평양교구장 서리로 임명했기 때문이다.

메리놀회 신부들이 평양에 들어왔을 때 우리 한국 신부들(강현홍, 장선홍, 그리고 나)과 평양 교구민들의 분위기를 알아차리고 교황청으로 먼저 연락을 한 것 같았다.

지난 2020년 10월부터 2021년 11월까지 한국교회사연구소에서 발행하는 〈교회와 역사〉라는 정기간행물에 메리놀회 클리어리(길) 신부님의 〈클리어리 신부의 한국 전쟁 일기〉가 실렸다.(제545호~558호) 그때 길 신부님과 우리 방인 신부들이 수복된 평양으로 들어가던 때의 일기가 실려서 나는 큰 관심과 흥미를 가지고 읽기 시작했다. 처음에는 길 신부님이 평양에 들어가는 이야기가 나오는데 나에 관한 이야기는 없었다. 나는 속으로 이제 내 얘기가 실릴지도 모를 터인데 슬그머니 겁이 났다. 혹시 나에 대한 표현으로 '꼬마 신부가 까분다.'라고 쓰면 어떻게 하나, 걱정스러웠다. 왜냐하면 그때 강현홍 신부와 장선홍 신부 그리고 나는 '이제 평양교구는 우리가 주인이다.'라는 생각을 하고 있었는데 밖으로도 드러났을 게 분명했다. 하지만 안 신부와 길 신부는 당연히 자기들이 주인이라고 생각하고 있었다. 메리놀회 선교사들은 일본에 의해 강제로 본국으로 송환된 것일 뿐 사실상 평양교구 신부라고 생각하고 있었기 때문이다. 메리놀회 신부들은 자기들이 일궈 놓은 평양교구를 아직 어린 한국 신부들에게 넘겨줄 마음이 없었다.

안 몬시뇰의 교구장 서리 임명 소식에 교우들은 잠시 설레던 마음을 가라앉히고 순명하여 따르기로 했다. 12월 말 즈음에 교구장 착좌식을 하기로 계획했다. 한국인 신부 4명과 메리놀회 신부 4명은 모두 용기백배하여 평양교구 재건을 위해 나섰다. 교구는 안정을 되찾는 것 같았지만 이 또한 오래가지 못했다. 중공군이 내려오고 있다는 소식이 들려왔기 때문이다. 평양으로 돌아온 지 한 달 반도 안 되어 평양교구 신부들은 12월 3일에 서울로 후퇴해야만 했다.

다시 찾은 진남포본당

첫날 평양으로 들어올 때 우리 일행은 진남포성당도 잠시 스쳐 지나왔다. 미군이 아직 들어오지 않은 지역이라 오래 머물 수 없어서 잠깐 교우들을 만나볼 수 있었다. 성당 건물이나 내부는 다행히 많이 부서지지 않아 보여서 안심이 되었다. 신자들이 제의와 성상들을 잘 숨겨서 보관해 두었다고 했다. 조만간 다시 찾아오기로 하고 평양으로 출발했었다.

내가 평양에 가서 며칠 안 되었을 때 선교리에 살고 계시던 외할머니가 돌아가셨다는 연락을 받았다. 그때 선교리에 가서 어머니를 먼저 만나 뵐 수 있었다. 그러나 제대로 본당 방문을 할 수 있었던 것은 평양에 들어간 지 2주가 지나서였다.

진남포에 도착한 다음날 아침, 새 신부가 드리는 본당 첫 미사를 올렸다. 교우들은 신학생 윤 빅토리노가 새 신부가 되어 돌아온 것을 보고 다 같이 축하해주었다. 교우 대표들, 청년 회장, 해성학교 교사들이 모여서 기뻐했다. 교우들이 새 신부를 맞이해 잔칫상을 차려주었는데 이날 나는 새 신부로서 부모님께 첫 술잔을 드릴 수 있었다. 사제 아들이 드리는 첫 술잔이었지만 그게 부모님께 드리는 마지막 술잔이기도 했다. 그때는 몰랐지만, 그 자리가 아버님을 뵌 마지막 자리였다. 얼마 뒤에 나는 후퇴하는 국군을 따라 다시 남쪽으로 내려왔고 부모님은 그대로 북한에 남아있었기 때문이다.

진남포본당 방문 이후 나는 줄곧 관후리성당에서 지냈다. 이제 관후리 주교좌성당에 교구장 서리로 안 몬시뇰이 계시니 미사성제가 매일 봉헌되었다. 교우들이 그전처럼 많지는 않았다. 다들 남쪽으로 피난을 떠나 성당 안이 허전하게 느껴질 정도였다. 그래도 노기남 주교님이 오셨던 그 주의 주일미사에는 2백 명이나 되는 신자들이 모여들었다. 그때 날씨가 얼마나 추웠던지 성합에 있던 미사주가 얼어버리고 말왔다. 11월이었지만 북한의 겨울 추위는 무척이나 매서웠다. 결국 사제관 안으로 들어가 미사를 드려야 했다. 관후리 성당은 미사 도구를 온전히 다 갖추고 있었는데 그동안 신자들이 잘 감춰놓았던 덕분이었다. 사제들이 다 잡혀가던 그 무서운 시간에도 수녀님들은 신자들에게 미사 도구를 하나둘씩 나눠주면서 훗날을 위해 잘 간수하라고 당부해 두었다. 신부님들이 돌아오셨다는 소식을 듣자마자 신자들은 깊숙이 감춰 두었던 성작과 성합, 촛대와 십자고상을 고이 꺼내 들고 성당으로 달려왔다.

해방 이후 공산 치하 5년을 신자들은 무던히 잘 견디어냈다. 공산당의 감시와 통제로 미사와 성사 보는 일이 몹시도 어려웠지만 그래도 꿋꿋하게 신앙생활을 이어가고 있었다. 관후리본당 교우들은 마지막으로 서운석 신부가 잡혀가고 난 후 1년 만에 사제들을 만나게 되었다. 서러움과 반가움과 감동으로 교우들의 눈에는 눈물이 그치지 않았다.

관후리성당 공사는 아직 미완성인 채 그대로 남아있었다. 지붕이 완성되었고 종각도 올라간 상태였지만 창문을 달지 못해 성전 안으로 북풍의 거센 바람이 그대로 들이닥쳤다. 그러나 교우들은 아랑곳하지 않고 미사를 드렸다. 그들은 그런 의연함으로 북한 공산당의 핍박을 견디어냈다. 어떠한 어려움이 닥쳐도 믿음을 잃지 않으리라는 결연함이 느껴졌다.

그날 관후리에 모여 기도드리던 그들이 내가 마지막으로 본 북녘 교우들이었다.

영유본당을 뒤로 하고

"윤 빅토리노 신부, 영유본당."
나의 첫 임지는 영유본당이었다. 주임신부로 받은 첫 발령이었다.

안 몬시뇰은 11월 20일 평양교구 주교 서리로 임명받으면서 즉시 교구 인사 발령을 냈다. 나는 영유본당, 장선홍 신부는 주교관 근무, 메리놀회 로이 페티프렌(Roy Petipren, 변) 신부는 관후리본당을 맡았다. 그리고 서울에서 11월 21일에 서품을 받고 온 장대익 신부는 진남포성당 보좌로 가게 되었다.

영유성당은 평양에서 얼마 멀지 않은 거리에 있었다. 나는 즉시 명을 받들어 본당으로 나갈 채비를 하기 시작했다. 이제 본격적으로 평양교구 사제로서 일할 수 있게 되었다는 사명감에 가슴이 뛰었다. 영유본당은 전란 중에도 교회 건물이 무너지지 않았고 내부 상태도 양호한 편이었다. 그곳 교우들도 역시 제의나 성상, 십자가 등을 잘 숨겨두었던지라 미사를 드릴 때 아무 어려움이 없을 것 같았다.

그러나 임지로 가기 사흘을 앞두고 중공군이 내려온다는 소식이 들려왔다. 결국, 나의 영유본당 사목은 꿈에서나 가능한 일이 되고 말았다. 중공군의 개입으로 북한 지역은 다시 전란의 소용돌이 속으로 빠져들게 되었다. 중공군 2차 공세가 11월 25일에 시작되어 우리는 또 하루빨리 남하를 서둘러야 했다. 1·4 후퇴의 시작이었다.

내가 평양에 머문 시기는 한 달 정도다. 그 시간 중에 여러 곳을 다녀볼 수 있었다. 안 몬시뇰이 군종 신부였기에 미군들과 함께 움직일 수 있었던 덕분이다. 그 가운데에는 김일성대학 도서관도 있었다. 그런데 안 신부님과 그 도서관에 가보니 덕원수도원에 있던 책들이 전부 옮겨져 있었다. 귀중한 문서들이 많았는데 여러 도서 중에는 내가 교과서로 쓰던 책도 있었다. 안 몬시뇰은 그 책들을 전부 쓰리쿼터 차량에 실어 관후리성당에 부려놓았다. 그렇지만 남쪽으로 후퇴할 때 그 책들을 가져올 수는 없었다. 아깝고 안타까운 일이었지만 그대로 남겨두어야 했다.

나는 11월 말 안 몬시뇰의 명령으로 긴급히 서울로 이동했다. 안 몬시뇰의 자동차 편으로 서울로 왔는데 그 자동차에는 나와 강현홍 신부, 메리놀회 변 신부, 운전기사 부부가 탔다. 안 몬시뇰은 우리보다 늦게 미 8군부대가 내려올 때 같이 이동하셨다. 안 몬시뇰은 평양에 남아 떠나는 전날 밤까지 교우들에게 신원 보증서를 써주었는데 하룻밤에 2천 장을 내줄 정도였다. 당시 안 몬시뇰이 사인한 신원 보증서는 피난길에서 매우 소중한 증명서가 되었다. 그때 대동강 철교는 이미 폭격으로 무너져 피난민들은 부교를 건너야 했는데 군인들이 통제하고 있어서 통행하려면 일일이 검문을 받아야 했다. 하지만 평양교구장이 서명한 신원 보증서를 보여주면 무사통과였다. 우리는 대동강을 건너 평양에서 50리 떨어진 중화를 지나서 남쪽으로 남쪽으로 다시 내려왔다.

다시 서울로 돌아와서

명동성당으로 돌아와 보니 성당은 피난 온 신부들로 이미 붐비고 있었다. 자리가 모자라 성당 바로 옆에 있던 성모병원에서 기숙해야 했다. 그러나 서울에서 오래 머물 수도 없었다. 또다시 남쪽으로 피난하라는 명이 내려졌다.

　노기남 주교는 12월 1일 평양에서 서울로 돌아와 12월 7일 성모 무염시태 축일에 서울이 적군에게 다시 함락되지 않도록 간절히 기도드렸다. 교회는 철수 계획을 세워 12월 11일과 22일 두 차례에 걸쳐 열차편으로 고령의 신부와 수녀, 신학생과 교우들을 대구와 부산 등지로 내려 보냈다. 당시 본당을 맡고 있던 신부 외에는 모두 우선으로 피난을 떠나라는 명이 있었다. 그해 성탄 미사는 노기남 주교의 주례로 명동성당에서 드렸다. 내일이면 피난길에 올라야 할 비참한 운명에 처한 우리를 주님은 굽어 살피셨으리라. 쓸쓸한 성탄 축일을 보내고 나는 안 몬시뇰을 따라 대구를 거쳐 부산으로 왔다.

포로수용소 군종 신부로

12월 말에 도착한 피난지 부산에서 나는 당시 포로수용소 사목을 맡고 있던 휴 크레이그(Hugh C. Craig, 기) 신부의 보좌 신부로 발령받았다.

6·25 전쟁이 일어나면서 메리놀회 신부들은 모두 미 8군 군종으로 들어갔는데 나도 이듬해부터 유엔군 소속 군종 신부로 고용되었다. 전문직 P-1(professional 1)으로 들어가 꽤 높은 월급을 받았던 기억이 있다. 그때 부산 시내 인근에는 철조망으로 둘러싼 급조된 포로수용소가 여러 군데 세워졌는데 거제리와 서면, 온천장 등 5~6곳에 포로수용소가 있었다.

수용소 한 곳마다 수천 명의 포로가 수용되어 있었는데 담당 사제의 임무는 이들을 상대로 정신(윤리) 교육도 하고 미사를 봉헌하며 예비 신자 교육도 하는 것이었다. 수용소 텐트마다 미군과 국군 하사관들이 지키고 서 있었는데 오전에 가서 포로들을 모아 달라고 하면 즉시 수천 명을 한자리에 모아두곤 하였다. 3천 명 정도의 인원이 모여 있기도 했다. 기 신부는 그들에게 정신 훈화를 하라고 했지만 수천 명에게 내용이 제대로 전달될 리가 만무했다. 그래서 나는 훈화를 아주 짧게 마치는 편이었다. 텐트를 따로 정해서 미사를 드렸는데 신자는 물론 천주교에 관심 있는 이들은 누구나 자유롭게 미사에 참석할 수 있다고 말해 주었다. 포로 중에는 자신도 교우라면서 인사를 하러 오는 이들도 있었다.

기 신부는 보좌신부인 내가 포로들에게 정신 훈화를 짧게 하는 게 영 마음에 들지 않았던 모양이었다. 포로수용소 첫 방문을 하러 가기 전에 나는 포로들에게 무슨 얘기를 할지 도무지 자신이 없었다. 기 신부님이 미 군종 신부와 목사들을 위해 만들어진 영어 담화문 같은 것을 참고하라고 내게 주었다. 그러나 별 도움이 되지 않았다. 결국, 포로수용소 첫 방문에서 나는 엉터리 훈화 몇 마디로 끝내고 말았다. "아니 말이야, 지프차 타고 일부러 와서 그렇게 할 거면 … 말이야, 기름이 아깝다, 기름이 아까워!"

화가 나면 말씀을 제대로 잇지 못하는 기 신부님은 고함을 치며 나를 나무라기도 하셨다.

기 신부는 초기 메리놀회 1세대로 북한 지역에서 선교를 시작했다. 순천본당 초대주임으로 시작하여 신의주본당을 맡으면서 그 명성을 날리신 분인데 본당 사목도 열심이었지만 신의주에 성모병원을 짓는 등 지역 사회에 크게 이바지하였다. 태평양 전쟁 직전까지 마전동본당에 있다가 추방되고 해방 후 다시 한국으로 와서 아주 열심히 일하신 분이다.

휴 크레이그 (기) 신부

기 신부님은 주변 사람들에게 성미가 아주 까다로운 분으로 소문이 나 있었는데 내가 그 보좌 자리를 3년간 했다고 하니, '너는 성인이다. 기 신부 옆에서 1년을 넘긴 메리놀회 보좌를 못 봤다.'고 하면서 다들 내 어깨를 두드려 주었다.

수용소 중환자 텐트 안에는 많은 환자가 누워있었는데 특히 이질 환자나 폐병 환자가 많았다. 기 신부는 나에게 환자들을 대할 때 너무 가까이서 대화하지 않도록 조심해야 한다고 일러주었다. 교우 환자들에게 성사를 주는 게 당연했지만 영세하고 싶다는 환자들에게 대세를 주기도 했다. 임종 대세를 받은 환자가 다음날 가 보면 죽어 나가고 없었던 경우도 허다했다. 포로수용소 사목을 하던 이 시기가 내게는 사제로서의 소명이 무엇인지에 대하여 새삼 묵상하는 시간이었다. 사제 서품 직후 노 주교님을 따라 충청도 지방을 순회할 때 수많은 이들에게 고해성사를 주며 특별한 체험을 한 적이 있던 나는, 전란 중에 임종 대세를 받고 세상을 뜨는 이들의 모습을 보면서 다시금 사제로서의 소명을 분명하게 깨닫게 되었다. 포로 중에 신학생을 만난 일도 있다. 서울에서 신학교에 다니던 중에 인민군에게 붙잡혀서 북으로 끌려갔다가 다시 국군에게 붙잡혀 포로수용소에 오게 된 신학생이었다. 그 신학생이 신부가 되었는지는 알 수 없다.

부산 포로수용소 일을 할 무렵 1951년 겨울에 미국 뉴욕교구 프랜시스 스펠만(Francis Spellman) 추기경이 포로수용소 방문을 했다. 스펠만 추기경은 뉴욕 대주교로 군종 담당이었는데 한국 전쟁 당시 매년 성탄 때가 되면 한국에 왔다. 일선 장병들과 함께 성탄 미사를 드리곤 했는데 내가 포로수용소에 있을 때여서 스펠만 추기경을 만나 뵐 수 있었다.

이산가족 상봉

포로수용소에서 일하면서 남북으로 헤어진 형제가 서로 만나는 감동적인 순간을 목격하기도 했다. 어느 날 북한에서 잡혀 온 포로를 만나 이야기를 나누던 중에 그 포로가 임충신 신부의 동생이라는 사실을 알게 되었다. 나는 그날 바로 임 신부가 머무는 숙소로 찾아갔다. 피난 온 임 신부는 몇 명의 신부들과 함께 집을 구해서 합숙소 생활을 하고 있었다.
"임 신부님, 혹시 동생의 이름이 임 시릴로 입니까?"
"그래요. 맞습니다. 그런데 왜?"
"오늘 포로수용소에서 동생분을 만났습니다."
"내 동생이? 포로수용소에? 왜?"
임 신부는 황해도에 있어야 할 동생이 어째서 부산 포로수용소에 있게 되었는지 믿기지 않는 표정이었다. 동생의 사연을 들어보니 북한 공산당 치하에서 면서기를 하고 있었는데

뉴욕교구 스펠만 추기경이 부산 포로수용소를 방문하였을 때(1951년)

그들이 온갖 핑계와 천주교 신자라는 이유를 들어 동생을 감옥에 가두었다는 것이다. 미군이 평양을 탈환하면서 감옥에 갇혀 있던 죄수들이 뿔뿔이 집으로 달아났는데, 감옥에서 나온 동생은 집으로 가던 길에 미군과 마주치는 바람에 붙잡혀 부산 포로수용소까지 오게 되었다고 했다.

"윤 신부, 내가 당장 내 동생을 만나볼 수 있을까?"

"내일이라도 기 신부님을 만나서 의논 드려보는 게 좋겠습니다."

다음날 임충신 신부는 기 신부를 만나 동생을 만나보길 청했지만, 수용소 규칙상 직접 면회는 금지되고 있어서 기 신부도 어쩔 도리가 없었다. 당시 수용소 규정은 너무나 엄격하게 적용되어 반공 포로일지라도 일체 예외가 없었다. 1953년 정전협정이 체결되고 나서야 두 형제는 만날 수 있었다.

피난지 부산은 헤어진 가족들이 서로 만나게 되는 장소가 되어 곳곳에서 상봉한 가족들이 반가움에 터뜨리는 눈물로 바다를 이룰 정도였다.

지학순 신부도 부산 군 병원에서 헤어진 동생을 만날 수 있었다. 형제는 둘 다 다리 부상으로 입원하고 있던 중에 만나게 되었는데 서로 목발 짚은 채 달려가지도 못하고 멀찍이 선 채 눈물을 흘렸다고 한다.

나의 포로수용소 근무는 1953년 초까지 2년간 계속됐다. 시간이 지나면서 부산 지역에 있던 포로수용소들은 거의 거제도로 옮겨가고 부산에는 포로수용소 병원만 남아있었다. 거제도 포로수용소 사목 보좌신부로 장대익 신부가 갔다.

2장
평양교구 출신의 주교

부산 가톨릭 도서관 부관장

포로수용소가 거제도로 옮기고 나서 1954년 서울로 환도하기 전까지 나는 1년 정도 부산 가톨릭 도서관 부관장 일을 맡게 되었다. 당시 가톨릭 도서관은 한국천주교중앙협의회(CCK, 주교회의 사무처)의 전신으로 기 신부가 1952년에 부산에서 설립한 조직이다.

기 신부는 교회 쇄신에 관한 생각이 많은 분이었다. 해방 후 남·북한이 분단된 후부터 언젠가 전쟁이 일어날 것이라고 염려하면서 가능하면 신학교를 필리핀으로 옮겨가야 한다는 주장을 일찍부터 펴기도 했다. 또 시대를 앞서가는 여러 일들을 계획하고 실행에 옮기는 분이었다. 피난지 부산에서부터 한국 교회에도 미국의 가톨릭복지협회(NCWC)와 같은 조직을 만들 것을 여러 번 건의했다고 한다. 일본 교회에서는 이미 그런 조직이 만들어져 있다고 하면서 한국 교회

내 설립을 서둘렀다. 피난지에 있으니 본격적인 활동을 하기에는 아직 부족했기 때문에 도서관이라는 명칭을 사용했다. 부산 보수동에 자리를 잡고 시작한 가톨릭 도서관에서는 신자들을 대상으로 철학 강의 등 다양한 교양 교육을 했다.

나는 부산 피난 시절, 처음에는 메리놀 병원이 있는 중앙성당 가까이에서 메리놀회 수녀들과 함께 지냈다. 그때 영원한 도움의 성모회 수녀 중에 변 헬레나 수녀가 많은 도움을 주었다. 성모 수도회는 성모보육원을 운영하고 있었는데 미군 부대 빨래를 맡아서 하기도 하고 자수 놓는 일도 하면서 돈을 벌어 어려운 피난 생활을 이어갔다.
피난민들은 대청동 중앙성당 성전 바닥에서 먹고 자고 했는데 아침이 되면 성전이 어느새 깨끗하게 치워져 미사를 드릴 수 있게 되곤 하였다. 여기저기 사람들로 들어차 성당 안은 발 디딜 틈이 없었는데 제의방에서 산모가 출산하는 일도 있었다. 피난지 중앙성당은 특히 천주교 신자들의 집결지가 되었는데 북한에서 피난을 떠날 때 가족들은 혹시라도 헤어지게 되면 부산 중앙성당에서 만나자는 약속을 했다.

이기헌 주교의 가족도 중앙성당에서 재회하였다. 이기헌 주교의 부친이 인민군에게 잡힐까 봐 먼저 월남하였는데 가족들에게 나중에 부산 중앙성당에서 만날 것을 약속했다고 한다. 이기헌 주교의 부친이 먼저 중앙성당에 도착하여 기다리고 있다가 어느 날 가족 상봉을 할 수 있었다고 한다. 이북에서 내려온 사람들은 모르는 사람끼리라도 서로 붙잡고 가족의 이름을 대면서 혹시 아느냐고 물어보곤 했다.

당시 중앙성당 주임 장병룡 신부가 나중에 고백하기를, 피난민들의 잠자리와 식량을 마련하는 일로 고생이 말이 아니었지만 어려운 가운데에서도 사랑이 넘쳤던 그때가 가장 신나고 보람 있었던 시절이라고 그리워했다.

성신소신학교 교사로 일하다

1954년 봄, 서울로 환도하면서 부산 가톨릭 도서관은 서울 장충동 분도회 근처로 이전하여 한국천주교중앙협의회로 정식 발족했다. 초대 의장은 기 신부가 맡았고 나는 총무를 맡아 계속 일했다. 총무는 지금의 사무총장에 해당된다. 그렇게 얼마 동안 더 일하다가 나는 1954년 말 즈음에 혜화동 성신중고등학교 교사로 발령받았다.

이때 발령은 노기남 주교가 냈다. 당시 평양교구장 서리는 여전히 안 몬시뇰이 맡고 있었지만 그는 구호 사업으로 매우

평양교구장 서리 조지 캐롤 (안) 몬시뇰을 모시고 평양교구 새 사제 부제들과 함께
(뒷 줄 맨 오른쪽이 윤공희 대주교)

바빴고 휴전이 되면서 평양교구의 일은 할 수 있는 게 별로 없었다. 안 몬시뇰은 평양교구의 일을 노기남 주교에게 맡겼다. 곧이어 평양교구 신학생이나 사제들은 모두 서울교구와 부산, 대구교구 등지로 입적한다는 협약을 맺게 되었는데 통일이 되면 즉시 평양교구로 되돌아간다는 단서를 붙여두었다.

소신학교에 가니 정욱진 신부가 신학교 교장 신부로 있었다. 정 신부는 내가 명동 보좌신부였을 때 계성여학교 교장 신부로 6·25 전쟁 발발 당시 명동성당을 함께 지키던 사이였다.

혜화동 소신학교 교사 신부 시절(당시 교사 신부와 함께)

그 당시 혜화동 소신학교 신학생들은 기숙사 세 곳으로 흩어져 있었다. 대신학교 기숙사, 혜화동성당 옆쪽 건물, 그리고 새로 짓는 학교 건물의 1층을 쓰고 있었다. 나는 소신학교 감독 신부도 겸하게 되어서 매일 세 군데를 다니며 신학생들을 돌보는 일을 했다. 당시 소신학생들은 5년제로 한 학급당 50여 명 정도여서 전체 재학생이 200명이 되었다. 이미 밖에서 중학교 과정을 마치고 신학교에 별과로 들어온 학생들도 있었다. 이때 특별히 기억나는 제자 중에는 나중에 대주교에 올라 광주대교구장 후임이 된 최창무 신학생도 있었다.

그리고 허창덕 신부의 라틴어 수업은 늘 기억이 난다. 감독 사감인 내 방은 문간방이었는데 그 건물 3층이 허 신부님 강의실이어서 언제나 강의 소리가 다 들렸다.

허창덕 신부님은 1919년 출생으로 북간도 연길의 용정고 등보통학교를 졸업한 후 덕원신학교로 왔다. 대신학교 선배인 허 신부님은 신학교 시절부터 이름을 날리신 분이다. 라틴어에 아주 뛰어났으며 두루 공부를 잘하신 그분을 우리는 '덕원의 호프'라고 불렀다. 1945년 연길교구에서 서품 받고 3년간 팔도구에서 사목을 하셨는데 그때 공산당으로부터 모진 고문을 당하셨던 분으로 1948년에 겨우 월남하셨다. 그 이후 서울 신학교에서 라틴어를 가르치셨는데 가히 라틴어의 대가라 불릴 만한 실력자였다. 그러나 정말 무서운 호랑이 선생님으로도 이름나 있었다. 강의 시간에 청천벽력 같은 고함과 분필이나 지우개가 날아가는 것은 보통이었다. 신학생 사이에는 허 신부님께 매를 맞지 않았으면 신품이 무효라고 할 정도였다.

"아니 이건 반과거야, 반과거형! 과거형과 다르다고! 이것도 몰라?!"

허 신부는 신학생들의 무지함을 덮고자 목청껏 강의하였지만, 그 사랑에 제대로 답을 할 수 있는 신학생들은 아주 드문 편이었다고 한다.

감독 신부 시절

서울 소신학교는 옛날 신학교의 엄격한 전통을 그대로 이어받고 있었다. 내가 볼 때는 덕원신학교의 합리적인 분위기와는 상당히 다르게 느껴졌다. 서울 소신학교에서는 엄격히 적용되는 실내 침묵 같은 규칙도 덕원에는 없었다. 덕원에서는 교장 신부님과 교수 신부님들이 학생들의 의견도 잘 받아주었지만, 서울에서는 신학생들은 의견을 내기보다는 규칙을 온전히 잘 따르는 것이 최선이었다.

나는 전임자 최익철 신부와는 약간은 다른 방식으로 학생들을 돌보았다. 당시 소신학생 기숙사가 있던 신축 건물의 1층에 성당이 있었는데 성당 입구에 빨간 천으로 하트 모양을 만들어 성심이라고 걸어두고 있었다. 그 옆에 바늘을 놓아두고 학생들이 자기 잘못을 뉘우칠 때마다 그 빨간 천에 바늘을 하나씩 꽂게 하였다. 성심을 아프게 했다고 뉘우치면서 반성하라는 뜻이었다. 너무나 형식적인 교육 방식이라고 생각되어 나는 사감으로 들어가자마자 그것부터 치웠다.

덕원 시절이 떠올랐다. 그때 평양교구 어떤 신부는 교우들에게 미사 참례를 잘 지키게 하려고 일단 미사가 시작한 후에는 성당 문을 닫아 걸기도 했다. 언젠가 그 이야기를 교장 신부님께 했더니 사제가 어떻게 그렇게 할 수 있는가 화를 내시면서 사제는 절대 그런 얀세니즘(극단적인 주장을 강조한 신학사상) 같은 식으로 신자들을 대해서는 안 된다고 가르치시던 모습이 떠올랐다.

서울교구 사제 피정 기념(뒤에서 셋째 줄 왼쪽에서 3번째, 1956. 6. 23.)

로마 유학

소신학교 교사로 지낸 지 아직 2년이 안 되었을 무렵 나도 유학을 떠나 공부하고 싶은 생각이 들었다. 사실 전쟁 이전부터 신부들을 외국으로 보내 공부를 하게 해야 한다는 의견이 많았다. 전쟁 중에 로마나 유럽의 여러 나라로 유학을 떠난 신부들이나 신학생이 더러 있었다.

유학 여부는 주교의 권한이었는데 그전에 안 몬시뇰이 '윤 신부도 외국으로 유학 보내야겠다.'고 하시는 말을 들은 적이 있었다. 그래서 노 주교님께 로마로 유학을 가고 싶다고 말씀드렸다. 이때 지학순 신부는 메리놀회가 맡고 있는 청주교구에서 사목을 하고 있었는데 우리는 함께 유학을 가기로 했다. 지학순 신부, 춘천교구 이영섭 신부, 나 셋이서 유학을 준비했다.

그 당시 외국 유학은 준비부터 어려웠다. 외국 유학을 하려면 그 학교로부터 입학 허가서를 받아야 했고 재정 보증서도 함께 제출해야 했다. 나는 유학 준비를 위해 로마 성 베드로 신학원에 입학 허가서를 신청했다. 그곳은 전교 지역 신부들을 위한 신학원이었다. 이태리어로 '산 피에트로' 신학원이라 불렸던 이곳은 칼리지에 해당하는 '꼴레지오'라 했지만 실상 로마 신학원, 즉 기숙사라고 할 수 있는 곳이었다. 일단 그곳에 들어가면 로마 교황청립 대학은 어디든 입학이 가능했다.

두어 달 만에 여권이 나왔다. 정보기관에서 조사 나와서 이것저것 물어보는 절차도 있었다.

1956년 8월. 드디어 로마 유학길에 올랐다. 김포비행장에

로마 유학을 떠나던 때(서울 김포 공항, 1956. 8.)

서 출발했는데 나의 아저씨 뻘 되시는 윤경순 회장이 학교로 배웅을 나와 주었다. 그분은 진남포본당 시절 광량만 공소 회장이었다. 당시 서울에서 출발하는 비행기는 일본을 거쳐 미국으로 가는 노스웨스트뿐이었다. 로마를 가려면 이 비행기로 일단 일본 도쿄로 가서 그곳에서 홍콩을 들러 로마로 가는 유일한 노선인 팬아메리칸으로 갈아타야 했다. 원래 출발일로 잡았던 날에 태풍이 불어서 그날은 김포비행장에 갔다가 도로 집으로 돌아와야 했다. 이틀이나 지난 다음 출발해 도쿄에 도착했다. 그 때문에 중간 경유지에 내려서 여행을 즐기기로 한 우리의 계획이 틀어지게 생겼다.

우리는 다음 비행기 편을 이용하기로 하고 도쿄에 있는 메리놀 지부에 가서 머물며 도쿄 구경을 했다. 이틀 뒤에 홍콩으로 가서도 같은 방식으로 여행을 하기로 했다. 홍콩에서 내려 며칠을 보낸 다음 로마로 출발하는 비행기를 예약을 하려고 했는데, 이 비행기는 태국을 경유하는 비행기였기 때문에 태국 비자가 필요했다. 홍콩에서 한국영사관을 찾아가서 비자를 받는데 그 일이 수월하지 않아 애를 먹었다. 결국 비자를 받았지만, 시간에 맞는 비행기가 없어서 또 2주일이나 기다려야 했다. 당시 홍콩은 영국령으로 영국 학생들이 방학을 맞아 본국으로 돌아가는 바람에 비행기 좌석이 남아있지 않았기 때문이다. 2주일간 기다리며 홍콩 시내를 실컷 구경했다. 당시 유학생들에게는 용돈으로 20불짜리 여행자 수표를 주는 게 전부였는데 홍콩에서 이틀이 지나니 주머니에 남은 돈이 하나도 없었다. 그때 메리놀 홍콩지부에 은퇴한 메리놀회 할아버지 주교 한 분이 계셨는데 그분이 100불짜리가 든 미사예물 봉투를 우리에게 주셨다. 그 돈으로 또 홍콩 시내 구경을 매일 다녔다. 그런데 며칠 지나니까 그 돈도 다 없어졌다. 그런데 어느 날 이영섭 신부가 100불짜리 지폐를 한 장 들고 자랑을 했다. 지 다니엘과 나는 '우리가 로마에 가서 갚을테니, 그 돈을 좀 같이 쓰자.'고 했다. 그렇게 해서 또 매일 홍콩 구경을 다녔다. 그다음에 돈이 다 떨어지고 나서는 매일 해변으로 가서 수영하며 시간을 보냈다. 드디어 때가 되어 팬아메리칸 4발 비행기로 방콕, 뉴델리를 거쳐 로마로 갔다.

나는 로마로 가기 전 일본어로 된 이태리어 교과서를 구해서 며칠간 공부를 했다. 선종완 신부님께 가서 배우기도 했다. 그 덕분에 로마에 도착해서 택시를 타고 신학원을 찾아가는 데 어려움을 겪지 않아도 되었다. 우리는 8월에 도착했는데 10월 개학이어서 기다려야 했다.

당시 로마에는 한국에서 온 신부와 학생들이 좀 있었는데 박성종 신부가 처음에 도움을 많이 주었다. 일찍감치 신학생으로 유학 온 박정일(1951년 유학) 신부도 있었고 백남익 디오니시오 신부도 공부를 마치고 로마에 머무르고 있었다.

성 베드로 신학원은 포교성에 속한 신학원으로 전교 지역에서 오는 신부들을 위한 신학원이었다. 세계 각국에서 온 유학생들이 모여 있었는데 중국 학생들이 많이 있었고 일본, 인도, 아프리카에서 온 학생들도 많았던 것 같다. 한국 유학생들은 일본어도 할 수 있었기에 일본 학생들과도 잘 어울렸다. 신학원에서는 이태리어를 사용하고 있었지만 각자 자기들 언어로 말해도 문제가 없었다. 그때 한창 정전 협정이 진행되고 있었는데 인도가 중립이라고 하면서 공산권으로 기울어져 한국이나 중국과는 입장이 달랐다. 그때 중국에서 온

로마 성 베드로 신학원 유학 시절 신부들과 함께(둘째 줄 맨 오른쪽)

신부가 인도 신부들에게 화를 내기도 했다. 중국 신부들은 중국이 이미 공산화가 되어 쫓겨나 대만교구에 속해 있었는데 이들은 공산주의에 대한 적대감이 아주 컸다. 중국, 일본, 인도에서 온 신부들 가운데는 당시 각국이 처한 상황이 달랐기 때문에 서로 약간의 알력이 있을 때도 있었다. 당시 로마에서는 동양인들을 보면 치네세(Chinese, 중국인)라고 깔보는 말을 하기도 했다.

지학순 주교와의 우정

원주교구 지학순 주교 서품식 때 안 몬시뇰(가운데)과 함께(원동 주교좌성당. 1965. 6. 29.)

지학순 주교

신학원 지하에 제대가 10개 정도 놓여 있었는데 당시는 바티칸 공의회 이전이라 공동미사 집전법이 없었을 때였다. 베드로 신학원에 있던 모든 유학생 신부들은 각각 두 명이 한 조를 이루어 미사를 드렸다. 한 명이 주례하고 다른 한 명이 복사를 서고 그다음 미사는 서로 바꿔서 했다. 그때 나와 지학순 신부는 자주 한 조가 되어서 미사를 드렸다. 그런데 나중에 지학순 주교가 들려준 바에 따르면 그때 이미 지병인 당뇨를 앓고 있었는데 정작 자신은 그걸 모르고 있었던 모양이다.

"언젠가 우리 둘이 한 조가 되어 미사 드릴 때 말이야. 미사 드리고 난 후 성작을 닦을 때 네가 물을 부어 주었잖아. 물을 조금씩만 부어 주는데 그때 저 물을 다 따라주면 참 좋을 텐데 하는 생각이 들었어. 갈증이 너무 났었던 거야. 당뇨 때문이었는데 그걸 몰랐지. 내가 석사 공부할 때 이미 병이 있어서 그렇게 힘들었던 거야."

나와 지학순 주교가 서로를 잘 알고 지내게 된 것은 예비 신학교 시절이었다. 그러나 그전에 이미 만났던 게 분명했다. 꼬마 시절 나는 고모님 댁 중화읍에 방학 때마다 놀러 가서 중화성당 마당에 놀았는데 지학순도 그 마당에서 놀던 꼬마 중 하나였을 것이다. 예비 신학교에서 서로를 소개할 때 그런 사실을 알 수 있었다.

예비 신학교에서 만났지만, 그때 지 다니엘은 나보다 1년 선배로 이미 서울 동성신학교에 입학해 다니던 중이었다. 서울에서 방학하면 서포의 예비 신학교로 와서 지내곤 했다. 예비 신학교의 요셉 기본스 감독 신부님이 중화본당 주임 시절부터 다니엘을 무척 아껴주었다. 다니엘은 어릴 때부터 앞니가 하나 비뚤어져 있었는데 기본스 신부님은 치아교정 수술도 받게 해주었다. 방학 때 서울에서 수술을 받고 서포에 와서 요양을 하고 있었는데 그때 나와 만나게 된 것이다. 우리 둘은 그때부터 친구가 되었다. 지학순 다니엘은 동성에서 소학교를 3학년까지 다니다가 폐결핵에 걸려 학교를 쉬었다. 휴학하고 나서 병은 나았지만 바로 복학을 하지 않고 집에 있으면서 읍사무소에서도 일하고 세관에서도 일하느라 5, 6년 늦게 덕원신학교로 돌아와 학업을 계속했다. 우리 둘은 아주 친한 친구 사이로 목숨을 걸고 월남행도 함께 했다. 지다니엘이 나이는 나보다 많았지만, 신학교 학년이 늦어 서품도 2년 늦게 받았다. 1952년에 지학순 신부가 서품을 받았고 1956년에 둘이 함께 로마 유학을 떠났다. 로마에서도 함께 어려운 유학 시절을 보냈다. 그러나 아무리 가까운 사이라도 서로의 마음을 다 읽을 수는 없었나 보다. 후회되는 일이 하나 있다.

로마에 가서 서로 전공을 선택할 때 나는 교의 신학을 하고 지학순은 교회법을 전공하기로 했다. 교회법은 1년 만에 석사 학위를 받을 수 있었고 박사 학위도 1년 좀 지나면 받을 수 있었다. 둘이서 석사를 마치고 박사 학위 과정을 준비하고 있을 때였다.

서로 마음을 터놓고 이야기하는 사이인지라 어느 날 다니엘이 고민을 털어놓았다.

"나 박사 학위는 그만둘까 봐."

"왜?"

"너무 힘들어서 그렇지."

나는 문득 로마 올 때 기억이 떠올랐다.

"그래 그렇게 힘들어? 솔직히 말해서 네가 유학 온다고 했을 때, 다니엘은 학자 타입은 아닌데 하는 그런 생각을 내가 했었어."

그렇게 대화가 끝나고 말았는데 그 후 다니엘은 아무 말 없이 박사 과정을 계속 공부했다. 지학순 신부가 먼저 교회법으로 박사 학위를 받고 몇 달 더 지나서 내가 신학박사 학위를 받았다. 나중에 한국에 돌아와서 얼마 후에 지학순 신부가 무슨 얘기를 하던 중에 그 어려운 가운데에도 자기가 왜 박사 과정을 계속했는지 그 이유를 말해 주었다.

"내가 박사 학위를 계속하게 된 데는 아주 특별한 계기가 있었지."

그 내용을 말해 주지는 않았지만 나는 그 후 어떤 기회였는지 모르지만, 문득 생각이 났다. 내가 그때 무심코 했던 말이 다니엘에게 상처가 되었던 것이 아닐까 하는 생각이 되었다. 아무리 친한 사이라도 생각 없이 말하지 말아야 하는 건데 그때 반성을 많이 했다. 본의 아니게 말 한마디로 사람을 죽이기도 하고 살리기도 한다는 것을 그때 깨달았다. 그러나 그런 일로 둘의 사이가 멀어지거나 하는 일은 없었다. 우리 둘은 지 주교가 세상을 뜰 때까지 친구였다.

로마에서 공부를 마치고 우리는 따로따로 귀국길에 올랐

는데 지 신부는 한국으로 오기 전에 독일로 향했다. 로마에서 공부하고 있을 때 도움을 준 독일 은인분들을 만나기 위해서 독일을 방문한 것이다. 당시 유럽 여러 나라 본당마다 한국 유학생 신부들을 지원해 주는 은인들이 있었다. 한국전쟁이 나고 노기남 주교가 외국의 주교들에게 한국 신학생들의 교육에 협조해 달라는 호소 편지를 보냈을 때 유럽 여러 교구에서 매년 두세 명의 유학생 학비를 책임지겠다고 나섰다. 당시 서울교구는 유학생 여비를 마련하기도 어려워 미군종 신부들의 협조를 받아 40명 이상의 신학생들을 외국으로 보낼 수 있었다.

우리 둘의 독일 은인 본당은 각각 이웃한 마을에 있었다. 지 주교는 몇 달간 은인 본당에서 지낼 계획을 하고 있었다. 그런데 독일에 도착했을 때 갑자기 몸이 아프게 되었다. 의사에게 보였더니 당뇨가 심하다고 즉시 입원을 하라고 했다. 한 달간 병원에 입원해서 치료를 받고 한국으로 돌아왔는데 평생 당뇨로 고생하였다.

1984년 요한 바오로 2세 교황이 서울에 오셨을 때였다. 여의도에서 큰 미사를 드릴 때였는데 제대 뒤로 통하는 조그마한 통로가 있었다. 몇 개의 계단으로 된 그 통로로 다녀야 했는데 지 주교에게는 어려울 것 같았다. 그때 지 주교는 당뇨가 심해져 시력이 많이 약해져 있는 상태였다.

"내가 부축해줄까?"

내가 조심스럽게 물었다. 도와준다는 말이 언짢게 들릴까 싶어 걱정되었다. 지 주교는 사람들이 '주교님 안색이 안 좋습니다. 건강이 괜찮으십니까?' 하는 그런 인사를 해오면 속으로 화를 많이 냈다. 그래서 김수환 추기경님도 항상 조심스럽게 안부를 물어보시고 나서는 '그냥 물어보는 것'이라고 걱정스레 말씀하시곤 했다. 아주 예민했다. 그런데 내게는 순순히 대답했다.

"그래, 부축해 줘."

그런데 잡아준다고 하면서 좁은 계단을 내려오다가 나도 넘어지는 바람에 둘 다 넘어져 버렸다. 카펫이 깔려 있었으니 망정이지 아니면 크게 다칠 뻔했다. 그 이후 지 주교는 건강이 계속 안 좋아져 늘 힘을 쏟고 있던 인권 활동도 하지 못했다. 순천향병원에 입원해 있을 때는 벌써 눈이 어두워져 앞을 잘 보지 못했다. 내가 병문안을 가면 힘없이 말했다.

"네 목소리를 듣고 넌 줄 알지, 눈으로는 보고도 몰라. 나 이제 다 됐나 봐…"

그렇게 만나고 나서 얼마 뒤에 하느님 곁으로 갔다. 하늘나라에서 만날 때까지 친구가 기다리고 있을 것이다.

학위를 마치다

나는 우르바노 대학에서 1년 만에 석사 학위를 마쳤다. 석사 학위 논문은 〈아오스딩 고백록 소고〉로 제출했다. 우르바노 대신학교는 1627년 우르바노 8세 교황이 전교 지방 사제 양성을 위해 세운 학교로서 유럽을 제외한 세계 각처에서 온 유학생들로 붐볐다. 다들 일상어는 이태리어를 사용하였고 강의는 모두 라틴어로 진행되었다.

석사를 마친 나는 박사는 그레고리안 대학으로 갔다. 포교 지역 교구에 속한 신학생들은 주로 우르바노 대학에서 공부를 마치게 되어 있었는데, 우르바노 대학에 과목이 없으면 그레고리안 대학으로 갈수 있었다. 나는 영성 신학을 공부하고 싶었는데 그레고리안 대학으로 가야 가능했다. 성 베드로 신학원 원장 신부에게 그레고리안으로 가도록 허락을 청하니 고개를 갸우뚱하면서 '네가 실력이 될지 모르겠다, 어렵지 않을까?' 하셨다. 나는 자신이 있었기 때문에 허락해달라고 했다. 덕원 출신 신학생이라는 자부심으로 걱정이 없었다. 박사 공부를 시작하여 2년 반 만에 마쳤다. 1960년 2월에 박사 학위를 받았다. 논문 주제는 〈그레고리오 교황의 욥기 주해에 의한 유혹의 의미〉였다. 논문은 라틴어로 썼다.

중앙협의회 총무 시절

1960년 로마에서 귀국 후 나는 당초 신학교 교수로 내정되어 있었으나 다시 중앙협의회(CCK) 총무로 임명을 받게 되었다. 당시 중앙협의회 총재는 청주교구장 제임스 파디(James V. Pardy, 파) 주교였다. 중앙협의회 산파역을 한 기 신부가 떠나게 되면서 파 주교가 총재가 되었고 역시 메리놀회 존 하이씨(John Heisse, 한) 신부에게 총무직을 맡겼다. 먼저 총무직을 맡고 있었던 베네딕도회 서석태 신부가 수도회로 돌아가게 되면서 내가 그 후임으로 들어가게 되었다. 동시에 나는

CCK에서(중앙이 최석호 신부, 맨 오른쪽이 하이씨 신부, 1961년경)

파 주교의 보좌로 임명되어 일하고 있었는데, 대화 중에 부산에서 기 신부님을 보좌했던 이야기가 나오자 파 주교님이 하시던 말씀이 생각난다.

"기 신부는 아이디어가 많은 분이시지. 그런데 실행하는 힘은 그만큼 안 되시는 분이야. 하하하 …"

두 분은 동기셨는데 서로 간에 선의의 라이벌 의식이 있었구나 하는 짐작을 했던 기억이 난다. 안 몬시뇰, 기 신부, 파 주교 모두 내로라하는 평양교구의 대선배들이었다.

내가 1963년 10월 수원교구장으로 착좌하게 되면서 중앙협의회 총무 자리에 나의 후임으로 정진석 신부(1962년 사제서품, 서울대교구장, 추기경)가 왔다.

김남수 주교와의 우정

나는 수원교구장으로 있으면서 곧이어 주교회의 의장이 되었는데 그때 김남수 안젤로 신부를 사무총장으로 영입하게 되었다. 총무로 있던 하이씨 신부는 파 주교가 총재직에서 물러나자 곧장 자신도 물러나겠다고 했다. 주교회의 안에 새롭게 정비되어야 할 일이 많은데 아무래도 한국인 신부가 사무총장을 맡는 것이 좋겠다고 했다. 나는 사무처 사무총장으로 김남수 안젤로를 추천했다. 그는 오래전에 로마 유학에서 돌아와 부산 서면본당 사목을 하던 중이었다.

우리가 신학교 다닐 적에 김남수 주교는 이런 말을 한 적이 있다.

"빅토리노 너는 장을 맡고 내가 뒤에서 행동대장을 하면 좋을 거 같아. 너는 성격이 아주 신중하니 장을 맡으면 좋고 나는 밀고 나가는 성격이라 대장보다는 참모가 적성에 맞아. 우리 둘이 단짝이 되어 일하면 잘 맞지 않을까?"

나는 안젤로의 말을 들을 때 '다윗과 요나탄의 우정'을 떠올렸다. 그 성경 구절에서 '요나탄은 다윗을 자기 목숨처럼 사랑하여 그와 계약을 맺었다.'(1사무 18, 4)라고 나오지 않는가. 우리는 우정으로 서로를 격려하며 신학교 시절을 지냈다.

그 말대로인지 몰라도 내가 중앙협의회 총재 주교가 되었을 때 김남수 안젤로 신부를 사무처 사무총장으로 영입하여 같이 일하게 된 것이 신기하게 생각되기도 했다. 김남수 신부는 8년간 사무총장으로 중앙협의회 일을 하며 한국 교회 발전에 크게 이바지하였다.

나와 김남수 주교의 우정은 덕원 소신학교 동기로 시작해 중앙협의회를 거쳐 수원교구 전임자와 후임자 사이로까지 이어지게 되었다.

다정한 급우들과 함께(우에서 두 번째 윤공희 대주교, 세 번째가 최명화 신부, 좌에서 두 번째는 김남수 주교)

나는 춘추로 열리는 주교회의에서 주교 후보 명단을 만들 때마다 김남수 이름을 올리곤 했지만, 한 번도 그가 내 후임자가 될 수 있다는 가능성을 생각해 본 적이 없었다. 그런데 후에 공교롭게도 김남수가 수원교구 후임 주교로 오게 되었다.

로마 유학은 김남수 주교가 나보다 먼저 다녀왔는데 내가 로마에 있을 때, 한국에 있던 김남수 신부와 서로 소식을 주고받았다. 한 번은 김남수 신부가 왜관 순심학교 교장으로 재직 중이었을 때 로마에 있는 내게 상주 데레사(경북 상주 황 데레사)에 관한 논쟁을 두고 자신의 의견을 피력한 글을 보내와 교황청 포교성에 제출해 달라고 부탁했다. 김남수 신부의 의견은 상주 데레사의 사적 계시에 대해서 우호적인 쪽에서 자신의 논리를 전개하고 있었다. 그대로 교황청에 제출하는 게 좋을지 마음이 놓이지 않아서 신학원 원장 신부님께 의논을 드렸다. 김남수 신부도 유학 시절 머물렀던 기숙사였으니 신학원 원장 신부님이 김 신부를 잘 알고 있었다.

"한번 봅시다."

그 글을 보신 원장 신부님은 며칠 후에 걱정스러운 표정으로 말씀하셨다. "이런 문제성이 있는 글이 교황청에 한 번 들어가면 김 신부의 장래가 어렵게 될 수도 있어요. 이건 내가 보관하고 있겠습니다."

나는 그 내용을 김남수 신부에게 편지로 알려주었다. 그러나 김 신부는 결국 나중에 이효상 국회의장을 수행해서 로마에 왔을 때 상주 데레사에 대한 그 글을 직접 포교성에 제출했다. 그 후에 교황청에서 미리내 수녀원을 인정한다고 발표했는데 이때 상주 황 데레사 측에서는 교황청에서 자기를 인정했다고 난리가 났었다. 그 반응 때문에 교황청에서 다시 덧붙여 '수도회를 인정한 것은 황 데레사의 소위 사적 계시라는 것과는 관계없다.'는 선언을 했다.

바티칸 공의회에 참석하다

공의회에 참석한 한국 주교단

제2차 바티칸 공의회 참석
(로마, 1963년)

나는 은혜롭게도 바티칸 공의회를 2회기에서 마지막 회기까지 주교 신분으로 다 참가할 수 있었다. 그 전에 공의회 첫 회기가 열렸을 때는 중앙협의회 총무로서 주교의 수행비서 자격으로 로마에 따라갔었다.

요한 23세 교황께서 전교 지역 주교들에게는 수행 비서를 두 명씩 허락해 주셨는데, 청주교구장이며 당시 중앙협의회의 총재 제임스 파디 주교의 수행비서 두 명 중 하나로 내가 동행하게 되었다.

파디 주교는 다른 한 명의 비서로 북한 의주본당 주임 시절 복사를 했던 평신도 로마노씨를 데리고 갔다. 로마에 가서 보니 수행비서가 할 일이 그리 많지 않았다. 주교님은 오후에는 총회 일정이 없었으므로 로마 시내를 안내해 드렸다. 로마 관광을 하기에 좋은 기회였다. 유학 시절에는 마음이 급해 로마 구경을 마음 놓고 할 형편이 아니었으니 말이다. 공의회 첫 회기를 마쳤을 때 참가 주교단은 예루살렘 성지순례를 했었는데 수행단도 함께 갈 수 있었다. 나로서는 이때 예루살렘 성지순례가 두 번째였다. 유학 마치고 귀국하기 전에 한 번 다녀온 적이 있었다.

바티칸 공의회 1회기(1962. 10. 11. - 12. 8.)가 끝났을 때 주교님들이 들려준 이야기다.

공의회에 참석하기 위해 전 세계 주교들이 모두 로마로 모였다. 한국의 주교들도 모두 참석하였다. 한국 주교단이 요한 23세 교황을 알현하는 시간이 있었다. 그때 요한 23세 교황께서 물으셨다.

"이번 공의회가 어떠했습니까?"

그때 전체적으로 공의회에 대해서 비판적인 이야기가 많았다. 1회기 때는 전례에 대한 논의만 계속하고 사실상 결정된 게 아무것도 없었다. 해방 전 경성 대목구장을 역임하고 당시에는 대전교구장이었던 파리외방전교회 소속의 연세 높으신 아드리앵장 라리보(Adrien-Jean Larribeau, 원) 주교가 기탄없이 말씀하셨다.

"교황 성하, 공의회가 뭐 이렇습니까?"

요한 23세 교황께서 인자한 미소로 말씀하셨다.

"우리 다 처음 아닙니까? 앞으로 잘 될 것입니다."

가톨릭교회를 완전히 쇄신해 놓은 제2차 바티칸 공의회였지만 그것이 시작되었을 당시에는 그렇게 인기가 없었다.

주교 수품

1963년 10월 9일, 한글날 공휴일이었다. 평소보다 조금 늦게 아침을 먹고 난 후 성당에서 묵상 중인데 누군가가 초인

종을 눌렀다. 교황대사관 차량 기사였다.

'교황대사님이 부르신다.'는 전갈이었다. 나를 부르실 일이 무엇이지? 내가 1962년 바티칸 공의회 1회기 때 비서로 갔었는데 '혹시 공의회 2회기를 위해 부르시는 것인가?' 하는 생각이 들었다. 급히 옷을 챙겨 입고 교황대사관을 찾았다. 초대 교황사절로 왔다가 교황대사가 된 안토니오 델 쥬디체(Antonio del Giudice, 1962년 4월 - 1967년 8월 재임) 교황대사가 맞이해주셨다.

나를 보시자 말씀하셨다.

"수원교구를 설립하는데, 윤 신부가 초대 수원교구장으로

수원교구장 시절

임명되었습니다."

교황대사는 덧붙여 말씀하였다.

"이것은 '교황 비밀'(Pontifical Secret) 관련 사안이니 아무와도 의논할 수 없고 혼자서 생각하고 직접 대답하셔야 합니다. 다만 고해성사 때는 가능합니다."

"알겠습니다. 곧 저의 대답을 드리겠습니다."

그렇게 물러나와 홀로 고민하다가 선배 신부를 찾아 고해성사를 본 다음 교구장직을 수락하기로 했다. 그날 오후에 교황대사관에 다시 가서 말씀드렸다.

"네 그렇게 하겠습니다."

그렇게 나는 수원 초대 교구장으로 임명되었다. 주교 수품 사목 표어는 '팍스 크리스티(Pax Christi, 그리스도의 평화)'로 정했다. 이 사목 표어는 내가 사제 서품을 받을 때 정했던 사목 표어이기도 했다.

바오로 6세 알현

1963년 10월 20일 로마 바티칸 베드로 대성당에서 주교 서품식을 마쳤다. 그리고 오후에 다시 교황 알현을 했다. 바오로 6세 교황께서 젊은 사제인 나를 보시더니 나이가 몇인지

주교 서품식 직전 바오로 6세 교황 성하 알현(1963. 10. 20.)

물으셨다. 옆에서 보좌하던 포교성 장관 그레고리오 아가지아니안(Gregorio Agagianian) 추기경이 '39세입니다.'라고 대답했다.

교황님은 이렇게 말씀하셨다.

"나이가 어린 것이야 시간이 가면 되는 것이니까."

주교 서품식 후 나는 곧바로 2차 바티칸 공의회에 참석했다. 벌써 공의회 2회기(1963. 9. 29. - 12. 14.)의 중간 즈음이었다. 나는 오후에 영어분과에 들어가 참석했다. 여러 언어별로 분과가 정해져 있었는데 분과별로 10명 정도 인원이 참가하고 있었다. 공의회 교령 초안에 대해서 의견을 나누는 시간이었다. 나는 젊은 주교로서 주로 듣는 편에 있었다.

공의회 3, 4회기 때에는 한국의 다른 주교님들과 함께 참석했다. 3회기(1964. 9. 14. - 11. 21.)에서 노기남 주교가 발언하는 시간이 있었다.

전교 지역의 예비 신자 전교에 대한 설교, 예비자 준비에 대한 교령에 관한 내용을 다루는 시간이었는데 영세 준비가 단계별로 매우 복잡한 내용으로 나오는 것을 두고 노기남 주교님이 반대 의견을 발표하셨다.

"우리 한국의 사정은 수십 명이 동시에 예비자 교리를 받고 있습니다. 지금 논의하는 교령대로 진행하게 되면 매우 어려울 것 같습니다."

그때 그 교령을 준비한 젊은 유럽 신학자가 예비 신자 교령을 만들 때 특별히 전교 지역을 떠올리며 준비했는데 바로 전교 지역 주교가 그 점을 비판하는 것에 대해서 놀랐다고 했다.

마지막 4회기(1965. 9. 14. - 12. 8.) 때 한국 주교단에는 1965년 4월에 막 주교 수품을 받은 대전교구 황민성 베드로 주교와 그해 6월에 주교품에 오른 지학순 주교까지 참석했다. 둘은 발언을 신청했는데 실제로 하지는 못했다. 당시 발표는 발언자가 미리 내용을 요약해서 제출하여 받아들여지면 5분

정도 발표할 수 있었다. 이 회기 때 한국의 주교단은 우리말 미사경 사용 확대 등을 결정하였으며 11월 28일부터 시행하기로 했다. 바티칸 공의회 이후 한국 천주교회에 새로운 변화의 바람이 불었다. 그중 가장 큰 변화의 하나로 미사 때 사제와 신자들이 서로 마주 보게 되었다는 것이다. 그전에는 신자들이 사제의 뒷모습만 바라보면서 드리던 미사였다. 그리고 미사 중에 라틴어로 드리던 모든 경문과 기도문을 한국어로 드리게 되었다.

제2차 바티칸 공의회 마지막 회기 중 바오로 6세 교황 성하와 한국 주교단(1965년)

수원교구장 시절

나는 제2차 바티칸 공의회를 마치고 귀국하는 대로 1963년

수원교구장에 착좌(1963. 12. 21.)

12월 21일 초대 수원교구장에 착좌했다. 당시 수원 시내 본당은 북수동과 고등동성당 두 곳뿐이었다. 북수동성당이 더 오래되었지만, 고등동성당이 조금 더 넓다는 이유에서인지 주교좌성당으로 정해졌다. 주교좌성당 지정은 교황님의 칙서에 이미 포함된 사항이었다. 주교관은 고등동성당 울타리 밖에 수녀원으로 쓰던 일식(日式) 집을 사용하기로 했다. 성당이 비좁아 착좌식 축하연은 인근의 서울대 농대 강당에서 가졌다. 이날 축하 예물은 바로 수원교구의 첫 수익금이 되었고, 그때 내가 썼던 장부는 수원교구의 첫 재정 장부가 된 셈이다.

그때 수원시 외곽 지역까지 합하면 수원교구 본당은 모두 24개였다. 그 당시 수원교구에는 외국 선교회가 없어서 외국으로부터 받는 지원은 전혀 없었다. 교구 전체 사제 숫자도 부족하고, 재정도 부족하여 교구로서의 외적 면모를 전혀 갖추지 못해 초창기 수원교구는 사정이 여러모로 매우 어려웠다.

그러나 이런 어려움이 교구민들의 자립 의지를 북돋우는 원동력이 되었다. 다행히 신학생이 증가하면서 사제 수급이 쉬워졌고 신자들의 적극적인 참여로 교구의 자립 기반도 다져졌다.

수원교구는 또한 자랑스러운 순교자들의 땅이다. 교구는 매년 미리내에서 순교자 현양 대회를 했고, 이후 미리내는 전국적인 순례지로 주목받게 되었다.

당시 수원교구 전역이 도로 사정이 좋지 않아 거의 비포장 도로였다. 특히 여름에 사목 방문할 때가 문제였는데 지프차로 한참을 달리고 보면 자동차나 사람이나 흙먼지투성이가 되었다. 성당 근처 개울에서 먼지 범벅이 된 몸을 씻어내고 난 뒤 수단으로 갈아입고 성당을 방문하곤 했다. 그러나 지금보다 훨씬 여유 있고 정감이 넘쳤던 시절이었다.

광주대교구장 착좌식(1973. 11. 30.)

그리고 1973년 10월 광주대교구장에 서임되면서 수원을 떠나게 되었다. 수원교구장으로 10년을 지냈다. 결코 짧지 않은 시간이다. 그때 나는 수원교구의 쇄신을 위해 떠나는 것이 잘된 일이라고 생각했다. 또 인간적인 한계에도 불구하고 '하느님께서 쓰시겠다고 하시면 따르겠습니다.' 하는 순명의 자세로 광주대교구장에 부임했다. 이후 수원교구는 김남수 주교가 와서 참으로 훌륭한 교구로 발전시켰으니 그때 내가 떠나온 것이 참 잘된 일이 아닐 수 없다.

서울교구장 서리

1967년 3월 24일 예수 수난 축일이었다. 그날 교황대사관에서 나에게 오라는 전갈이 있었다. 교황대사가 왜 나를 부르는 것일까 의아해하면서 궁정동의 교황대사관으로 갔다. 얼핏 서울교구 생각이 스쳐 갔다. 그 당시 서울교구는 재정문제로 심각한 사태에 직면해 있었다. 교구청, 신학교, 병원의 재정을 혼자서 도맡고 있던 당가 신부(김병호 베네딕토)의 실책으로 부도가 나는 매우 불미스러운 사건이 발생했다. 자세한 내막은 알 수 없었지만, 매우 어려운 상황임은 틀림없었다. 일각에서는 노기남 대주교가 책임을 지고 사임해야 한다는 말들이 있었다. 혹시 나보고 서울대교구를 맡으라고 하면 못하겠다는 말을 하겠다고 마음을 다잡으며 갔다. 나의 예감은 적중했다.

교황대사관에 들어가니 초대 교황대사 델 쥬디체 대주교가 기다리고 계셨다. 교황대사가 나에게 말했다.

"서울교구 노기남 대주교님이 사임하시게 되었습니다. 교황님이 당신을 후임 주교로 명하십니다."

"제가 노 대주교님 후임 주교, 교구장이 되라는 말씀입니까? 저의 동의를 구하시는 것입니까?"

"아닙니다. 이것은 교황님의 명입니다. 그리고 '서울대교구 주교'가 되라는 게 아니고, 교황님의 직속 서리로 임명하는 것입니다. 주교님의 동의를 구하는 것이 아니고 교황님의 명입니다."

나는 순명할 수밖에 없었다.

"네, 그렇게 하겠습니다."

그 자리에 노기남 대주교는 먼저 와 계셨다. 교황대사가 나에게 서울대교구장 서리를 겸임 발령한다는 교황 성 바오로 6세의 결정을 알려주었다. 우리는 노기남 대주교의 사임 발표를 부활 축일 다음날 하기로 했다.

나는 교황대사관 서한을 가지고 서울대교구 참사회 앞에서 발표하고 법적으로 취임하는 절차를 밟아야 했다. 나는 부활 다음날 즉시 참사회를 열고 그 내용을 발표했다.

그날부터 나는 서울교구청 주교관에서 지냈는데 빚쟁이들이 주교관 안까지 몰려와 난리를 피우고 있었다. 그때 나는 수원교구장으로서의 책임도 있었으므로 주말에는 수원으로 돌아갔다가 월요일 오전에는 다시 명동으로 돌아오곤 하였다. 비서 신부로 장익 신부, 관리 부장으로 김영일 신부가 일하고 있었다.

그들은 내게 당시 사정을 이렇게 설명해 주었다.

"이 모든 빚을 갚을 수는 있습니다. 그러나 당장, 한꺼번에

갚지는 못합니다. 더구나 심각한 문제는 사채 이자가 매일 매일 무섭게 올라간다는 것입니다."

그때부터 나는 서울대교구장 서리로서 각 교구 주교들과 한국 내에 있는 큰 수도회 총장 신부, 수녀회 장상들에게 편지를 썼다.

'서울교구 사정이 극도로 어렵습니다. 지금 바로 제 옆방에서는 빚쟁이들이 몰려와 휘장을 뜯고 억지를 부리며 난동을 피우고 있습니다. 부디 도와주시기를 바랍니다. 이자 없이 도와주시면 1년 안에 다 갚을 수 있습니다.'

즉시 답이 왔다. 광주교구 하롤드 헨리(Herold Henry, 현) 대주교가 오백만 원을 보내왔고 서강대학교 예수회 존 데일리 총장 신부도 같은 금액을 보내주었다. 교구 여러 군데서 돈을 보내와 급한 빚은 갚을 수 있었다. 그리고 여러모로 애를 쓴 결과 약속한 날짜 안에 빚을 다 갚을 수 있었다.

거의 1년 만에 재정 문제가 안정적으로 해결되고 나서 바로 나는 교황청 인류복음화성(옛 포교성성) 아가지아니안 추기경에게 편지를 보냈다.

'재정 문제가 모두 종료되었습니다. 이제 본 주교를 명하실 때가 되었습니다. 저는 수원교구로 빨리 돌아가 수원교구에만 전념할 수 있기를 원합니다.' 하는 내용의 청원서였다.

청원서를 보내고, 얼마지 않아 1968년 4월 마산교구장 김수환 주교가 서울대교구장으로 임명되었다. 김수환 주교가 대주교로 서임되었고 5월 29일 서울대교구 주교좌에 착좌하였다. 나는 거의 1년 만에 서울대교구장 서리의 무거운 짐을 내려놓을 수 있었지만 어려운 짐을 떠안게 된 김수환 주교님께는 참으로 미안한 마음이었다. 사람들은 나에게 계속 서울대교구장 자리에 있었더라면 추기경에 오르지 않았겠느냐 하는 말들을 했지만, 그 자리가 얼마나 어려운 자리인가를 충분히 알았기 때문에 나는 그런 생각을 단 한번도 한 적이 없었다.

하느님 안에서 살아온 나의 삶

나는 2000년 3월에 금경축을 맞이했다. 사제 서품 50주년을 맞이하면서 오래 사는 마음가짐에 대해서 이렇게 말한 적이 있다.

"아우구스티노 성인의 말씀 중에, '과거 지나간 일은 잘한 것도 잘못한 것도 그 모든 것을 하느님 자비에 맡겨드리고, 현재에 대해서는 하느님의 사랑을 믿고 살아야 한다. 미래에 대해서는 하느님 섭리에 맡기면 된다.'라는 말씀이 있습니다. 그 내용을 항상 기억하면서 살아가고 있습니다."

그리고 내가 늘 마음에 두고 있는 말을 하였다.

"나는 무사히 월남했지만 내가 1949년 신품을 받았더라면 다른 평양교구 사제들과 같이 납치되었을 것이고 지금은 생사를 알 수 없는 윤 신부가 되었을 것입니다. 그것은 모두 하느님의 섭리입니다. 인간으로서는 알 수 없는 하느님의 섭리에 의지하는 것밖에 나로서는 할 수 있는 게 없습니다. 참으로 감개무량합니다."

덕원 시절 신학교 숲을 이루던 나무들이 떠오른다. 올해도 가지마다 새싹을 피우고 푸른 잎을 달고 나뭇가지는 하늘로 자라고 있을 것이다. 북한 지역 어디에선가 숨어 있을 교우들의 믿음도 그렇게 자라고 있을 것이라고 믿는다. 옥토에 떨어진 씨앗은 땅속 깊은 곳에서도 씨눈이 죽지 않고 살아있다.

북녘 땅에서 주님을 찾는 기도 소리도 결코 끊어지는 일 없이 이어지고 있으리라. 70여 년이 지난 지금, 하느님을 찾는 북한 신자들의 기도 소리는 분명히 살아있다. 언젠가 그 기도 소리는 기쁨의 환호로 터져 나올 것이다!

통일은 우리의 노력을 필요로 한다

우리는 통일을 포기하지 말아야 한다. 모든 일은 하느님 당신이 섭리하시는 대로 따라야 한다. 그러나 인간의 노력도 그 안에 들어가 있어야 한다. 인간이 어떻게 생각하고 노력하는가에 달려 있기 때문이다. 또한, 통일은 국제적인 관계 속에서 이루어지는 것이니만큼 거기에 합당하게 우리 인간의 노력을 쏟아부어야 한다. 통일이라는 그 염원을 체념하지 말아야 한다. 어렵다고 포기하지 않아야 한다.

6·25 전쟁 당시 포로수용소에서 겪은 일들은 내게 많은 것을 가르쳐주었다. 공의회 가르침에 '평화는 정의의 실천이다.'라는 내용이 있다. 정의가 실현될 때 우리는 참 평화를 누릴 수 있게 된다는 말이다. 나는 평화란 차별 의식이 없을 때 비로소 가능하다고 생각한다. 하느님 나라로 향하는 그 길에서 우리는 서로가 형제이고 하나라는 사실을 깨달아야 한다. 남과 북의 민족화해는 한쪽의 다른 쪽에 대한 차별과 우월감을 극복해야 비로소 이루어질 것이다.

북녘 하늘 아래서 하느님을 찾는 교우들이야말로 우리와 한 형제이지 않은가? 그 사실을 결코 잊어서는 안 될 것이다. 사상과 이념을 넘어 하느님 안에서 우리가 하나임을 깨닫는다면 민족의 화해는 주님의 섭리 안에서 이루어질 것이다. 그때 우리는 하느님의 크신 은총인 참 평화를 누리게 될 것이다.

에필로그

에필로그 - 작가의 말

윤공희 대주교님을 처음 뵈러 갔을 때는 2021년 9월 즈음이었다. 광주가톨릭대학교 내 주교관에 계시는 그분의 서재 창문으로 백일홍 꽃잎이 바람에 휘날리고 있었다. 그 바람을 타고 한 세기 전의 덕원신학교 교정으로 날아가는 일은 어렵지 않았다. 2022년에 백수(白壽)를 맞으시는 대주교님의 청년 시절을 그렇게 다시 만났다. 먼 옛날 일을 회상하시는 대주교님의 기억은 매 순간 정확했고 풍성했다.

이번 책을 펴내는 과정에서 내가 했던 일은 대주교님이 들려주신 증언을 바탕으로 해서 그 주변부를 조금씩 메우고, 말언어로 표현하신 바를 글언어로 엮는 일이었다. 그 작업을 위해 많은 배경의 사료와 정보가 필요했다. 평양교구사, 분도통사, 대주교님의 덕원 시절 동기들과 선후배 신부님들이 남기신 기록, 각종 논문과 신문기사, 잡지 기고문 등을 찾아야 했다. 새로운 자료를 발견할 때마다 마치 광맥을 발견한 기분이었다.

사실 덕원과 평양은 내게 낯선 곳이 아니다. 10여 년 전에 맡았던 어떤 출판 작업을 통해 북한 지역의 인명, 지명, 시대상을 익혀두었기 때문이다. 이번에 대주교님의 말씀을 들으며 평양 관후리본당도 다시 찾아가고, 북한에서 사목하셨던 신부님들과 독일 선교사들을 다시 만나 뵙는 듯했다. 나는 오래전 덕원신학교의 모원(母院)인 독일의 오틸리엔 분도 수도회를 방문한 적이 있는데 그때의 경험이 원고를 쓰는 과정에서 계속 되살아나는 것을 느꼈다.

윤 대주교님이 어제처럼 생생하게 들려주시는 내용 -열 살 소년의 진남포성당, 덕원신학교 수업, 평양교구 신부님들, 일제로부터의 해방과 공산당의 핍박, 6·25 전쟁과 부산 피난, 로마 유학과 바티칸 공의회에 참석- 을 접하면서 살아 숨 쉬는 역사를 마주할 수 있었다. 참으로 귀한 기회였다.

2021년 상반기에 여덟 차례 이루어진 인터뷰를 통해 만들어진 녹취록을 바탕으로 원고를 작성하는 일이 쉽지는 않았다. 인터뷰가 마감된 후부터 녹취록 파일을 두고 마치 고3 입시생처럼 작업에 임했다. 아침 일찍 일어나 식사 시간을 빼고 하루 종일 책상 앞에 앉아 있었다. 석 달이 채 안 되어 초고가 완성되었다. 그전에 내가 했던 그 어떤 원고 작업보다 빠른 진도였다.

초고를 출력해 대주교님께 보내드린 후 기다리는 동안 긴장이 많이 되었다. 그분의 말씀을 잘 정리한 것일까, 자료를 추가한 내용에 문제는 없을까, 혹시 글을 보시고 실망하지 않으셨을까 … 그러나 교정본을 받으러 갔을 때 대주교님께서 내 손을 잡고 "정말 수고 많았어."라고 칭찬해주셨을 때 눈물이 날 정도로 기뻤다.

　엔다 수녀님의 말씀에 따르면 대주교님이 교정 작업을 얼마나 열심히 하셨는지 피부 알러지가 생길 정도이셨다고 한다. 대주교님은 특히 38선 월남 상황을 세밀하게 첨가하시면서, "이 부분은 정말 긴장감이 돌게 표현해야 해."라고 하셨다고 한다. 빨간펜으로 일일이 첨삭해 주신 교정지를 받아들고 나는 감동하지 않을 수 없었다. 대주교님의 육필 원고를 나중에 역사적 사료로 보관해야 한다는 생각이 들었다.

　한국 가톨릭교회에서 백 년을 사신 고위 성직자의 직접 증언을 책으로 펴낸 일은 이번이 처음이다. 모두에게 새롭고 벅찬 경험이 아닐 수 없다. 대주교님을 우리 교회에 모시고 있다는 사실이 가톨릭 신자로서 무척 자랑스러웠다. 개인적으로 이 작업에 참여할 수 있었던 것은 더없는 축복이었다.

　대주교님은 언제나 '하느님의 섭리 안에서' 살아왔을 뿐이라고 말씀하신다. 참으로 맑고 투명한 그분의 삶을 통해서 우리도 자신의 신앙을 비춰볼 수 있으리라 생각한다.

윤공희 대주교님의 책은 교회 안의 많은 분의 정성이 모여진 결과다. 이 책의 출간은 의정부교구의 교구장이신 이기헌 주교님의 이니셔티브로 시작되었다. 출판 과정을 통틀어 주교님의 격려가 큰 힘이 되었다. 변진흥 연구위원장님을 비롯해서 가톨릭동북아평화연구소의 운영연구위원님들과 책 제작의 실무를 수고해주신 의정부교구 민족화해위원회 직원분들에게 감사를 드린다. 감수의 수고를 아끼지 않으신 교회사 연구소의 조광 교수님과 사진을 제공해 주신 평양교구 사무국 장긍선 신부님, 그리고 대주교님을 보필하시면서 프로젝트가 잘 이루어지도록 도와주신 엔다 수녀님과 광주대교구에도 특별한 감사를 드린다.

윤공희 대주교님의 증언록을 책으로 펴내면서 우리 삶의 모든 면을 주재하시는 하느님의 뜻을 새삼 느끼게 되었다. '모든 것에 감사'라는 의미를 한 번 더 곱씹어 본다. 오늘에 이르기까지 주님이 주신 시간을 함께 하고 있는 남편 그리고 우리 딸 명원이와 함께 이 기쁨을 나누고 싶다.

2022년 부활절을 기다리며
권은정 루이제 올림

윤공희 대주교의 북한 교회 이야기
하느님의 섭리! 그 안에 저를 맡기나이다.

교회인가 2022년 4월 4일 천주교 의정부교구장 이기헌 주교
인쇄일 2022년 4월 13일 초판 1쇄 발행
　　　 2022년 9월 16일 초판 2쇄 발행

구술 윤공희 ｜ 글 권은정
펴낸이 강주석 ｜ 펴낸곳 가톨릭동북아평화연구소
편집 김영희 장은희 ｜ 일러스트 구민정 ｜ 디자인 디자인웍스
주소 경기도 파주시 탄현면 성동로 111
전화 031-850-1501~3 ｜ 팩스 031-850-1581
전자우편 publ-cinap@kakao.com
등록 제406-2018-000071 (2018년 6월 18일)

ISBN 979-11-92063-01-0 (03230)

ⓒ 윤공희 2022

사진ⓒ 성 베네딕도회 왜관 수도원, 평양교구 사무국
　　　 광주대교구 『윤공희 대주교 사제수품 50주년 기념화보집』

* 이 책 내용의 전부 또는 일부를 재사용하려면 반드시 저작권자와
　가톨릭동북아평화연구소 양측의 동의를 받아야 합니다.
* 책값은 뒤표지에 표시되어 있습니다